Mon encyclopédie

Comment ça marche?

Un livre Dorling Kindersley
www.dk.com

Pour l'édition originale :

Direction éditoriale Carrie Love, Penny Smith
Direction artistique Rachael Foster
Édition Bridget Giles, Mary Ling
Conception Rachael Grady
Fabrication Sean Daly, Claire Pearson
Iconographie Myriam Megharbi

Pour l'édition française :

Responsable éditorial Thomas Dartige
Édition Anne-Flore Durand
Adaptation et réalisation
Agence Juliette Blanchot, Paris
Traduction Cléa Blanchard
Correction Sylvie Gauthier
Relecture scientifique Karine Robinault

 5757, RUE CYPIHOT
SAINT-LAURENT (QUÉBEC)
H4S 1R3

www.erpi.com/documentaire

Dépôt légal – Bibliothèque et Archives nationales
du Québec, 2010
Dépôt légal – Bibliothèque et Archives Canada, 2010

ISBN: 978-2-7613-3836-3   K38363

Imprimé en Chine
Édition vendue exclusivement au Canada

Sommaire

Un monde de technologies

4-5   Inventions
6-7   Mise en forme
8-9   Les premières inventions
10-11   La technologie moderne
12-13   La technologie, c'est quoi ?

Gros travaux

14-15   Des machines simples
16-17   Le levier
18-19   Sur le chantier
20-21   Les tapis roulants

En route !

22-23   Déplacement
24-25   Roues et essieux
26-27   À bicyclette…
28-29   Tenue de route
30-31   Pédales et pistons
32-33   Le moteur à explosion
34-35   Les bolides de course
36-37   À toute allure
38-39   La propulsion
40-41   Les chemins de fer

Au pied de chaque page, une question est posée…

Gaz et liquides

42-43   L'air et l'eau
44-45   Les fluides
46-47   En bateau
48-49   Ballons volants
50-51   Les montagnes russes
52-53   Comment les avions volent-ils ?
54-55   3, 2, 1… Décollage !

Un monde d'énergies

56-57   L'énergie, c'est quoi ?
58-59   La fée électricité
60-61   Pouvoir d'attraction
62-63   Centrales électriques
64-65   Les ressources du sol
66-67   Énergies renouvelables
68-69   Dans la cuisine
70-71   Dans le réfrigérateur
72-73   L'efficacité énergétique

Son et lumière

74-75   Voir et entendre
76-77   Lumière visible…
78-79   Bulles de lumière
80-81   Miroir, miroir
82-83   Les lentilles
84-85   L'éclairage électrique
86-87   Feux d'artifice
88-89   Mesurer le son
90-91   L'ouïe
92-93   La guitare électrique

Octets et bits

94-95   Le numérique, c'est quoi ?
96-97   L'ordinateur portable

98-99   Le code binaire
100-101   Échanger des données
102-103   Le téléphone portable
104-105   L'appareil photo
106-107   Radio et télévision
108-109   Le code-barres
110-111   L'Internet
112-113   Les moteurs de recherche
114-115   Les robots

Inventions du futur

116-119   Et demain ?
120-121   Dans un avenir lointain

122-124   Glossaire
125-126   Index
127   Crédits et remerciements

Un livre à découvrir

Les pages de ce livre ont été conçues
pour permettre un accès facile à une information
très riche et pour donner au jeune lecteur
l'envie d'exercer sa curiosité.

Un jeu pour exercer son attention : il va falloir scruter les pages attentivement !

Des renvois à d'autres pages du livre permettent de compléter ses connaissances sur un sujet.

Le code couleur de chaque chapitre facilite la consultation.

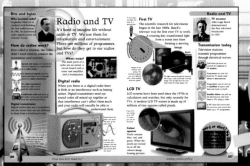

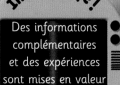

Incroyable !

Des informations complémentaires et des expériences sont mises en valeur en encadré.

Inventions

Une invention est une nouvelle idée ou un objet créé par une personne. Parfois les inventions changent la vie des gens en rendant les choses plus sûres, plus faciles, plus rapides ou moins chères.

Génial hasard

Certaines inventions sont le fruit du hasard : alors que le chimiste J. W. Hyatt testait un matériau pour les boules de billard, il fit tomber un liquide qui, en séchant, forma une « croûte » dure et souple. Ce plastique « celluloïd » sera celui des pellicules photo.

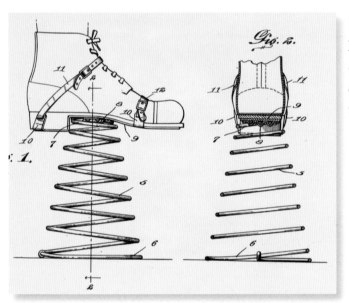

Experts en la matière

La technologie est la science du fonctionnement des objets. Les inventeurs de ces chaussures savaient qu'un ressort est un réservoir d'énergie et ont donc utilisé cette technologie pour ce projet.

Objets de l'espace

Certains objets de notre quotidien ont d'abord été conçus pour les voyages dans l'espace. Le premier détecteur de fumée, par exemple, se trouvait sur la station spatiale *Skylab*.

« Découvrir consiste à voir comme tout le monde

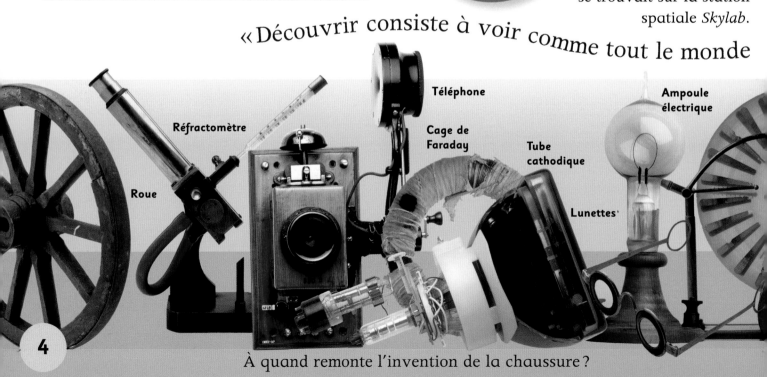

Réfractomètre

Téléphone

Cage de Faraday

Tube cathodique

Ampoule électrique

Roue

Lunettes

À quand remonte l'invention de la chaussure ?

Ça peut toujours servir !

Certaines inventions trouvent un usage très différent de ce qui était prévu. Spence Silver inventa une colle qui ne collait pas assez. Il la trouvait donc inutile. Son collègue Art Fry eut l'idée d'utiliser cette « mauvaise » colle pour fixer des marque-pages dans son livre de chant : ils adhéraient au papier tout en pouvant être déplacés à volonté. Le Post-it était né !

Inventeurs visionnaires

Les inventeurs sont des gens créatifs. Léonard de Vinci, un artiste et scientifique italien, fut un grand inventeur. Il imagina des centaines de machines, y compris des avions, des pompes ou des canons, qui ne seront fabriqués que plusieurs siècles plus tard.

Le premier hélicoptère militaire, conçu par Igor Sikorsky, décolla dans les années 1940.

Léonard de Vinci dessina les plans d'un hélicoptère 500 ans avant le premier vol d'un avion.

De l'idée à la réalisation

Une invention débute par une idée, mais il faut parfois plusieurs siècles avant que la science, les technologies ou les matériaux permettent sa réalisation. L'idée de l'hélicoptère serait apparu en Chine dès 400 av. J.-C.

Guitare électrique

et à réfléchir comme personne. » Albert Szent-Györgyi

Machine de Wimhurst

Théière

Appareil photo

Microscope

Les habitants de la Mésopotamie fabriquaient des chaussures en cuir vers 1500 av. J.-C.

Mise en forme

Tout le monde peut devenir inventeur. Les ingénieurs sont à l'origine de nombreuses inventions : ils utilisent leur connaissance des matériaux pour imaginer de nouveaux usages, de nouvelles formes.

Le phare d'Eddystone, appelé tour de Smeaton, se trouve au large de Plymouth (Angleterre).

Une idée phare

L'ingénieur John Smeaton n'a pas inventé le phare, mais il lui a donné une nouvelle forme. La tour incurvée est plus large en bas qu'en haut et résiste ainsi aux tempêtes.

John Smeaton s'est inspiré de la forme du chêne.

Thomas Edison a breveté 1 093 inventions. Impressionnant, non ?

C'est mon idée !

Lorsque quelqu'un trouve une idée intéressante, il peut la breveter. Un brevet est un document officiel décrivant une idée avec le nom de son inventeur. Ainsi, personne d'autre ne peut prétendre en être l'inventeur.

D'hier…

Depuis son invention, il y a plus de 130 ans, le design (l'aspect) du téléphone a évolué et s'est amélioré. Les premiers téléphones étaient encombrants, et il fallait parfois tourner une manivelle ou un cadran pour composer le numéro.

Quand le téléphone a-t-il été breveté ?

Des idées de génie

Au XIXe siècle, l'ingénieur Isambard Kingdom Brunel conçut des ponts, des tunnels, des bateaux, et même une ligne de chemin de fer. Il travailla beaucoup avec l'acier car il avait deviné que ce métal pouvait avoir nombre d'applications.

Le Royal Albert Bridge, construit par Isambard Brunel en 1859 à Plymouth (Angleterre), est le seul pont ferroviaire de ce type.

Succès ou échec?

La meilleure invention du monde est un échec si personne ne s'y intéresse.

Sinclair C5 Échec. Ce tricycle électrique ne s'est pas vendu.

Lego Succès! Ces briques en plastique font partie des jouets les plus vendus au monde.

Four à micro-ondes Succès! Le micro-ondes a révolutionné la cuisine.

Baskets Succès! Personne n'imaginerait faire du sport dans d'autres chaussures.

Vive les couleurs!

L'aspect d'un objet est parfois aussi important que ses spécificités techniques. Grâce à sa forme ronde et ses couleurs vives, le premier ordinateur iMac d'Apple plut beaucoup et se vendit très bien.

... à aujourd'hui!

Les téléphones portables actuels sont minuscules, et font bien plus que téléphoner. Il est même possible d'appeler sans avoir à tenir le téléphone.

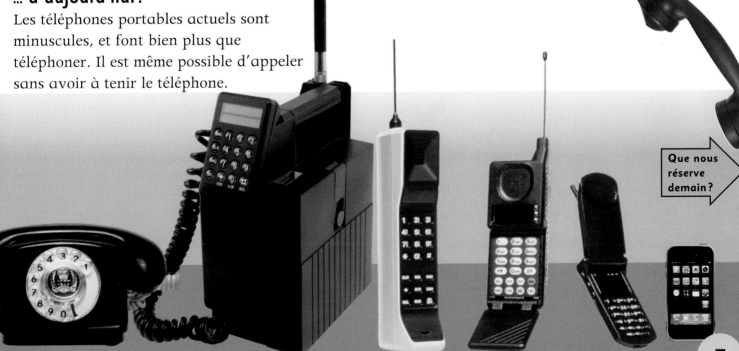

Que nous réserve demain?

Alexander Graham Bell déposa le brevet du téléphone en 1876.

Les premières inventions

Certaines inventions ou découvertes nous semblent si évidentes que nous ne pouvons imaginer la vie sans elles. Pourtant, il fut un temps où le feu, la roue, les chaussures ou le papier n'existaient pas.

v. 2000 av. J.-C.
Les **roues à rayons**, plus légères, deviennent plus efficaces : ce chariot à deux roues était très rapide.

v. 7000 av. J.-C.
Pour la première fois, l'homme maîtrise le **feu**. Plus tard, il en fera usage pour fondre le métal et fabriquer des outils.

v. 3500 av. J.-C.
La première **roue** était une simple pièce de bois. D'après les spécialistes, elle aurait été inventée en Mésopotamie (Irak actuel).

v. 2500 av. J.-C.
Les **premières soudures**, nécessaires pour toute fabrication d'objets en métal, étaient obtenues en frappant deux pièces de métal au marteau jusqu'à leur assemblage.

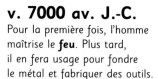

7000 av. J.-C.

2250 av. J.-C.

v. 6000 av. J.-C.
Les anciens Égyptiens construisaient des **bateaux** avec les tiges d'une plante, le papyrus. Ils utilisaient ces bateaux pour le commerce.

v. 3000 av. J.-C.
Les anciens Égyptiens écrivaient sur des feuilles fabriquées à partir des tiges de papyrus (le papier n'était pas encore inventé) avec des **roseaux** et des **pinceaux**.

v. 2500 av. J.-C.
Le premier **miroir** était en bronze poli. Auparavant, les gens regardaient leur reflet dans l'eau.

v. 1700 av. J.-C.
Une **plomberie** élémentaire (tuyaux, canalisations) est visible dans les ruines du palais de Cnossos, en Crète.

v. 4000 av. J.-C.
Un **araire** tiré par des animaux de trait permit de labourer le sol.

8

Que signifient le « v. » et le « av. » devant les dates ?

v. 1000 av. J.-C.
Le premier système de **chauffage par le sol** a été découvert en Alaska. Les Romains inventèrent un autre système en Europe quelque 500 ans plus tard.

v. 500 av. J.-C.
L'**abaque** grec était une table recouverte de sable sur laquelle on comptait avec des bâtons. L'abaque moderne, composé de tiges et de boules, fut inventé en Chine 2000 ans plus tard.

v. 300 av. J.-C.
Les Chinois découvrirent qu'un aimant, laissé libre, pointait vers le nord : la **boussole** était née.

v. 1000 av. J.-C.
Les premiers **aimants** étaient de simples morceaux de magnétite, un minéral aimanté à l'état naturel. Aujourd'hui, ils sont en fer.

v. 50 av. J.-C.
Les Chinois inventèrent le **papier** il y a plus de 2000 ans, mais la technique de fabrication resta secrète pendant 700 ans.

1200 av. J.-C.

100 av. J.-C.

v. 1500 av. J.-C.
Alors que la plupart des peuples portaient des sandales, les Mésopotamiens fabriquaient des **chaussures** en cuir.

v. 640 av. J.-C.
Avant les premières **pièces**, les gens utilisaient des perles, des coquillages, des outils, voire des peaux de rennes pour payer !

v. 20 av. J.-C.
Même si la fabrication du verre était connue depuis plus de 2000 ans, l'invention en Syrie du **soufflage du verre** permit de créer de nouvelles formes.

v. 200 av. J.-C.
La **vis d'Archimède,** ou vis sans fin, tire son nom du scientifique grec Archimède, qui a démontré que l'eau pouvait monter le long d'une vis en rotation.

v. 1200 av. J.-C.
Les marchands phéniciens et les Grecs construisirent les premiers bateaux pour transporter leurs marchandises.

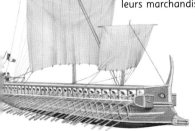

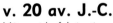

Le « v. » signifie « vers », et le « av. » « avant ».

La technologie moderne

De nos jours, le terme «technologie moderne» fait penser aux ordinateurs. Mais, il y a quelques siècles, la machine à vapeur et la presse étaient pour l'époque des technologies très innovantes…

1455

Avant l'invention de l'imprimerie par Gutenberg, les livres étaient recopiés à la main. Avec la presse à imprimer les livres purent être reproduits vite et en grande quantité.

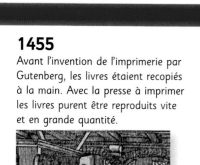

1565

Selon les historiens, c'est l'Allemand Conrad Gesner qui inventa le premier **crayon**.

1608

Hans Lipperhay inventa le **télescope** en Hollande, bien que l'on dise que ce furent ses enfants qui en fabriquèrent un en jouant!

1826

L'une des premières photos connues fut prise par Nicéphore Niépce en France. Le temps de pose dura 8 heures!

1400   1500   1600   1700   1800

Pas de géant

Parfois, une invention est révolutionnaire : elle peut changer le monde.

XVIIIᵉ siècle
Les premières machines et usines permettent de fabriquer les objets en masse : c'est la **révolution industrielle**.

XIXᵉ siècle
L'homme maîtrise désormais l'**électricité**.

v. 1970
Le **microprocesseur** réduit la taille des ordinateurs et marque le début de l'ère informatique.

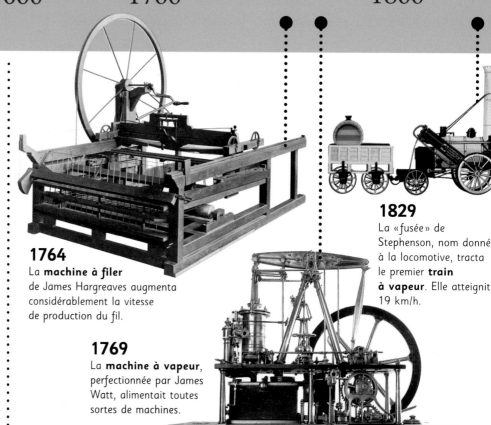

1764

La **machine à filer** de James Hargreaves augmenta considérablement la vitesse de production du fil.

1769

La **machine à vapeur**, perfectionnée par James Watt, alimentait toutes sortes de machines.

1829

La «fusée» de Stephenson, nom donné à la locomotive, tracta le premier **train à vapeur**. Elle atteignit 19 km/h.

Pourquoi la presse à imprimer était-elle révolutionnaire ?

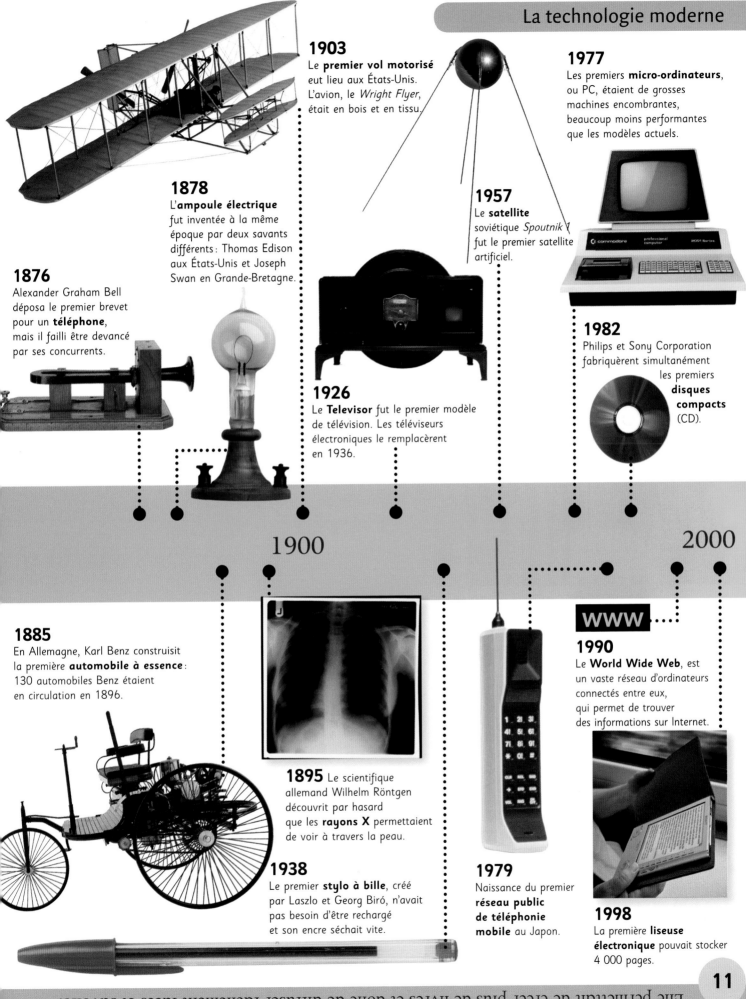

1903
Le **premier vol motorisé** eut lieu aux États-Unis. L'avion, le *Wright Flyer*, était en bois et en tissu.

1977
Les premiers **micro-ordinateurs**, ou PC, étaient de grosses machines encombrantes, beaucoup moins performantes que les modèles actuels.

1878
L'**ampoule électrique** fut inventée à la même époque par deux savants différents : Thomas Edison aux États-Unis et Joseph Swan en Grande-Bretagne.

1957
Le **satellite** soviétique *Spoutnik 1* fut le premier satellite artificiel.

1876
Alexander Graham Bell déposa le premier brevet pour un **téléphone**, mais il failli être devancé par ses concurrents.

1982
Philips et Sony Corporation fabriquèrent simultanément les premiers **disques compacts** (CD).

1926
Le **Televisor** fut le premier modèle de télévision. Les téléviseurs électroniques le remplacèrent en 1936.

1900

2000

1885
En Allemagne, Karl Benz construisit la première **automobile à essence** : 130 automobiles Benz étaient en circulation en 1896.

1990
Le **World Wide Web**, est un vaste réseau d'ordinateurs connectés entre eux, qui permet de trouver des informations sur Internet.

1895 Le scientifique allemand Wilhelm Röntgen découvrit par hasard que les **rayons X** permettaient de voir à travers la peau.

1938
Le premier **stylo à bille**, créé par Laszlo et Georg Biró, n'avait pas besoin d'être rechargé et son encre séchait vite.

1979
Naissance du premier **réseau public de téléphonie mobile** au Japon.

1998
La première **liseuse électronique** pouvait stocker 4 000 pages.

Elle permettait de créer plus de livres et donc de diffuser facilement idées et savoirs.

La technologie, c'est quoi ?

La technologie, c'est se servir de la science pour créer de nouvelles machines, de nouvelles matières et de nouveaux procédés de fabrication. Tout ce qui nous entoure, ou presque, fait appel à la technologie. En voici quelques exemples...

Quelle technologie préfères-tu ?

Pour en savoir plus
3, 2, 1... Décollage !
pages **54-55**
Les robots,
pages **114-115**

Technologie mécanique

Elle regroupe la conception, la fabrication et l'utilisation de machines comme les pistons des moteurs de voiture ou d'autres appareils n'utilisant ni électricité, ni électronique, ni informatique.

L'industrie chimique fabrique le plastique et l'essence des voitures.

Technologie chimique

Lorsque la chimie transforme des matières (matériaux) en nouvelles matières ou nouveaux produits, on parle de technologie chimique. Par exemple, le pétrole peut être transformé en plastique.

Technologie électrique

Cette technologie est celle des circuits et des appareils électriques. Elle sert à la conception et à la fabrication de machines, d'objets et de réseaux électriques.

D'où vient le mot « nanotechnologie » ?

Technologie numérique

La base de cette technologie est de convertir toute information, des mots ou des images par exemple, en une combinaison de 0 et de 1, ce qui prend très peu de place et permet de stocker une quantité phénoménale de données.

Biotechnologie

Il s'agit d'une technologie fondée sur la biologie, c'est-à-dire l'étude des organismes vivants. Elle est très employée dans l'agriculture. La recherche génétique est une biotechnologie.

Technologie médicale

Les outils, machines ou substances servant à diagnostiquer, observer, traiter, soigner et prévenir les maladies ou blessures font partie de la technologie médicale.

Technologie informatique

Elle regroupe l'étude, la conception et l'utilisation de systèmes d'information électroniques. Cela désigne aussi bien les ordinateurs (matériel) que les programmes utilisés (logiciels).

Pour allumer un ordinateur, on utilise une technologie informatique.

Nanotechnologie

La science actuelle crée des matériaux et des objets si petits qu'ils ne sont pas visibles au microscope normal. Les nanotechnologies entrent dans la fabrication de produits comme les crèmes solaires ou les tissus spéciaux.

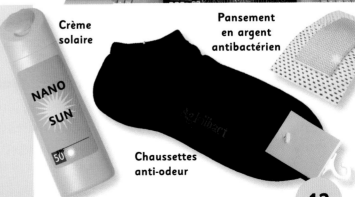

Crème solaire

NANO SUN

50

Pansement en argent antibactérien

Chaussettes anti-odeur

« *Nano* » est un mot d'origine grecque signifiant « nain ».

Des machines simples

Enfoncer un clou dans le bois est difficile à main nue mais bien plus facile avec un marteau. Les outils de ce type sont des machines simples. Ils facilitent et accélèrent le travail.

Le petit mouvement de la main est transmis, via le manche, à la tête du marteau. En se déplaçant, cette dernière accumule de l'énergie.

Lorsque la tête du marteau se pose sur le clou, l'énergie libérée est si forte que le clou perce le bois.

Force en action

Les outils, le levier ou la poulie sont des machines simples. Elles démultiplient la force appliquée, ce qui permet d'accomplir le même travail avec moins d'efforts. Ainsi, quand on utilise un marteau, il suffit de soulever légèrement le manche pour fournir à la tête l'énergie suffisante qui enfoncera le clou dans le bois.

Ingénieux leviers

Le levier est une machine simple qui amplifie ou diminue une force. La brouette est un type de levier. Elle démultiplie la force de nos bras pour nous permettre de soulever et de déplacer de lourdes charges. Il existe trois types de levier.

Premier type de levier

Tout levier se compose d'un bras rigide qui pivote sur un point d'appui fixe, le pivot. Dans le premier type, le pivot est au milieu. La force appliquée à une extrémité est démultipliée à l'autre extrémité.

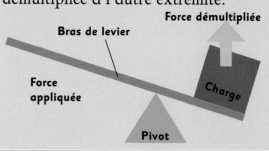

Deuxième type de levier

Dans ce type de levier, le pivot se situe à une extrémité, et la force appliquée à l'autre. Au centre, la force est démultipliée.

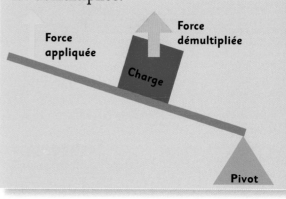

Troisième type de levier

Ce type de levier a pour effet de réduire la force appliquée. La pince à épiler, ou tout autre outil servant à attraper de petits objets, en est un exemple.

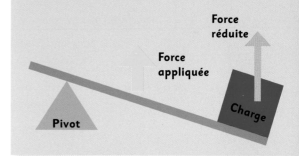

14

Pivot

Une paire de ciseaux se compose de deux leviers du premier type. La force appliquée par les doigts est démultipliée au niveau des lames, leur donnant la force nécessaire pour découper le papier ou d'autres matières.

Pivot

La brouette est un levier du deuxième type : elle démultiplie la faible force appliquée par les bras pour soulever une lourde charge.

Pivot

Le pivot de ces baguettes se situe là où elles reposent entre le pouce et l'index. Les doigts appliquent une force qui ouvre et ferme les baguettes pour saisir la nourriture.

Super poulie

La poulie permet de soulever charges très lourdes. Elle est constituée d'une corde passant autour d'une roue. Plus il y a de roues, plus la force est démultipliée, mais il y a aussi plus de corde à tirer.

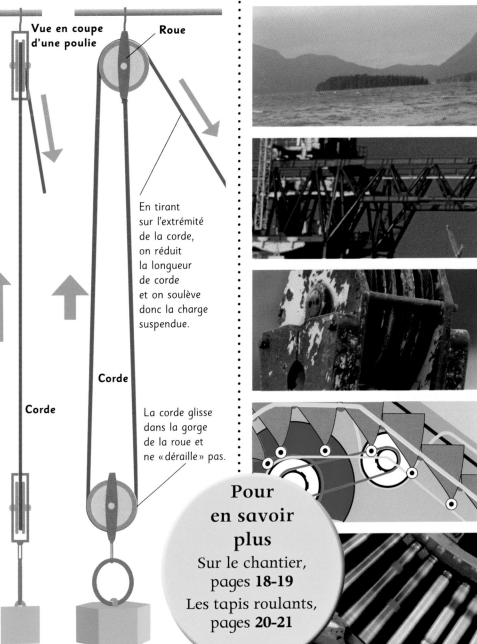

Vue en coupe d'une poulie

Roue

En tirant sur l'extrémité de la corde, on réduit la longueur de corde et on soulève donc la charge suspendue.

Corde

Corde

La corde glisse dans la gorge de la roue et ne « déraille » pas.

Qu'est-ce que c'est ?

Les images ci-dessous sont des détails agrandis de photos figurant dans le chapitre « Gros travaux ». Amuse-toi à les retrouver !

Pour en savoir plus

Sur le chantier, pages **18-19**
Les tapis roulants, pages **20-21**

C'est l'énergie qui déplace les objets, c'est-à-dire une poussée ou une traction.

Le levier

Chaque fois que nous ouvrons une porte, faisons du vélo ou même plions le bras, nous utilisons un levier. L'effet de levier est indispensable pour décupler les forces et nous faciliter le travail.

Démultiplier une force

L'efficacité d'un levier – sa force – est fonction de la distance par rapport au pivot entre la force appliquée et la charge à soulever. Plus la force appliquée sur le bras du levier est loin du pivot, plus elle sera grande et donc le levier efficace.

À la maison

Ces outils de la vie courante sont des leviers complexes : ils sont formés de plusieurs leviers.

Le **casse-noix** est une paire de leviers du deuxième type joints au niveau du pivot.

La **pince à épiler** se compose de deux leviers du troisième type qui réduisent la force appliquée.

Les **ciseaux** sont des leviers du premier type. La force est maximale près de l'articulation.

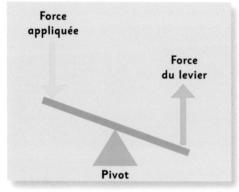

Si la force appliquée et la force produite par le levier sont à la même distance du pivot, les deux forces sont égales.

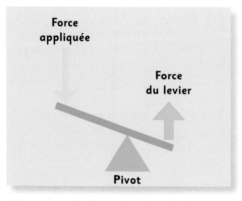

Si la force appliquée est deux fois plus loin du pivot que la force produite par le levier, le levier multiplie la force par deux.

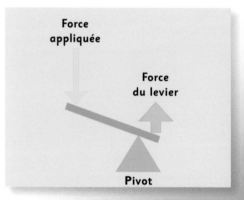

Si la force appliquée est trois fois plus loin du pivot que la force produite par le levier, le levier multiplie la force par trois.

La barre à mine

La barre à mine est un levier très simple (du premier type, voir page 14). Elle permet de soulever des objets très lourds. Plus la barre à mine est longue et plus la force produite sur la charge à soulever est démultipliée. De même, il faut la descendre de beaucoup pour déplacer – un peu – l'autre extrémité.

En abaissant largement le bras du levier, on obtient une force suffisante pour soulever un rocher.

Trouve d'autres leviers complexes utilisés dans la vie courante.

Le corps humain

Les bras et les jambes sont des leviers. Lorsqu'une danseuse fait des pointes, son mollet agit comme un levier du deuxième type. Ici, le muscle tire la cheville vers le haut pour soulever son corps (la charge), et les orteils forment le pivot.

Force appliquée

Charge

Pivot

La canne à pêche

La canne à pêche agit comme un levier du troisième type. La main applique une force au niveau du manche de la canne qui crée une force moindre au bout. Bien que cette force soit plus faible, la vitesse et l'amplitude du mouvement sont démultipliées : le bout de la canne se déplace beaucoup plus loin et beaucoup plus vite que le mouvement donné par les mains.

Force appliquée

Pivot

Charge

La canne à pêche agit également comme un levier du troisième type lorsqu'on ramène le poisson.

La balançoire à bascule

Cette balançoire est un levier du premier type. Le poids du corps fournit la force pour la faire basculer. Si deux personnes pesant le même poids sont assises à égale distance du pivot, leurs poids s'équilibrent. En revanche, si l'une s'assoit plus loin que l'autre, son poids est démultiplié et la balançoire bascule.

Un enfant, assis suffisamment loin du pivot, pourrait soulever le poids d'un éléphant.

Force appliquée

Pivot

Les tenailles sont un levier du premier type. La pince est un levier du troisième type.

Sur le chantier

Creuser des trous, soulever
des charges : sur un chantier
ont lieu de gros travaux,
qui exigent souvent de gros engins.
La plupart des engins de chantier
fonctionnent selon des principes
physiques assez simples.

Le bras long
de la grue
s'appelle
la flèche.

Le grutier
est assis dans
une petite
cabine.

Le chariot
se déplace sur
des rails le long
de la flèche pour
déplacer la charge.

Le haut de la grue
pivote à 360°. Il peut
faire un tour complet.

Tour

Vérin
hydraulique

Pourquoi la grue ne bascule-t-elle pas ?

Les grues déplacent d'immenses blocs
de béton et d'acier pour construire
des bâtiments. Un gigantesque « contrepoids »
sur la contre-flèche équilibre la charge
soulevée par la flèche et empêche la grue
de se renverser.

Dans les trois cas, les charges
s'équilibrent, mais la grue ne pourrait
pas soulever les trois en même temps.

Flèche

20 tonnes

Contrepoids

Tour

20 tonnes   10 tonnes   7 tonnes

Plus le poids à soulever est lourd,
plus il doit être près de la tour.

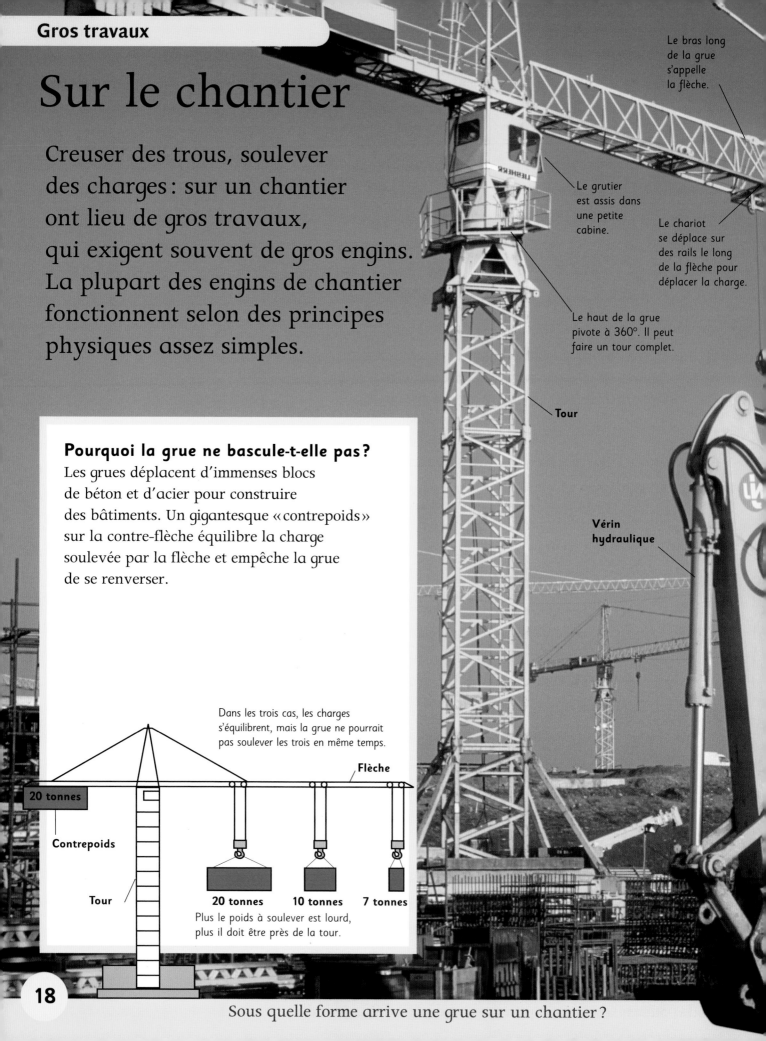

Sous quelle forme arrive une grue sur un chantier ?

Poulies en action

La grue soulève les charges au moyen d'un crochet fixé à une poulie munie de plusieurs roues. La poulie est reliée à la flèche par un câble d'acier qui s'enroule autour des roues. Plus il y a de boucles, donc de roues, plus les forces sont démultipliées.

La pelleteuse

La pelleteuse utilise un système de leviers pour creuser la terre. Ceux-ci sont disposés comme dans un bras humain, la pelle formant la «main». Ils sont actionnés par des pistons hydrauliques (voir ci-contre).

Vérin hydraulique

La grue hydraulique

La grue mobile (ci-dessus) est hydraulique : elle fonctionne grâce à un système de pistons hydrauliques mus par l'injection d'un liquide. Sous l'effet de la pression, les pistons vont et viennent avec puissance, ce qui crée une force phénoménale capable de soulever un pont ou même un bâtiment entier.

Les pistons hydrauliques démultiplient les forces tout comme la poulie ou le levier.

Les dents pointues du godet creusent la terre lorsque la pelle se replie vers l'intérieur.

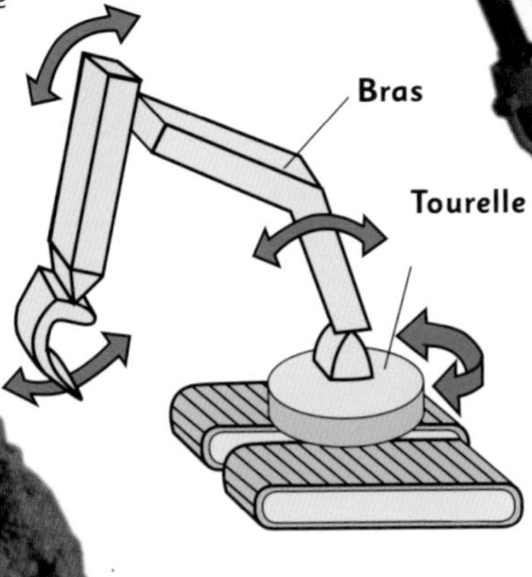

Pelle

Bras

Tourelle

Le bras peut faire un tour complet grâce à la tourelle située à sa base.

En morceaux. On la monte, section après section, comme un Lego.

Les tapis roulants

De l'aéroport à l'usine en passant par le magasin
ou le bureau, les tapis roulants sont employés partout
où il faut transporter rapidement une charge ou
des personnes d'un point à un autre.

En route !

Le tapis roulant à rouleaux est le plus simple. Les rouleaux
roulent sur le tapis tout en étant maintenus par une glissière.
À chaque tour de rouleau, la charge est transférée
au rouleau suivant.

Tapis à rouleaux
vus de dessus.

Les bagages et
les colis passent
sur un tapis roulant
à l'aéroport.

En haut, en bas, sur le côté...

Le tapis roulant à courroie peut déplacer
des charges dans tous les sens, en haut
comme en bas. La charge est posée
sur une courroie qui tourne autour
de roues appelées «poulies». Un moteur
fait tourner la poulie motrice : c'est elle
qui entraîne le mouvement de la courroie.

La **poulie motrice,**
raccordée à un moteur,
entraîne la courroie.

Le **moteur** est sous
la plate-forme.

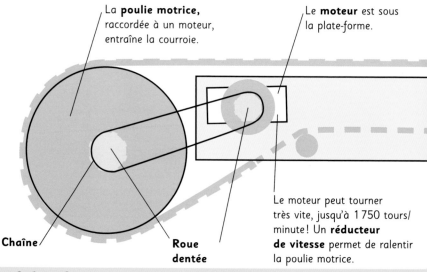

Chaîne

Roue
dentée

Le moteur peut tourner
très vite, jusqu'à 1 750 tours/
minute ! Un **réducteur
de vitesse** permet de ralentir
la poulie motrice.

De quand date le premier escalator ?

Les escaliers mécaniques

Les tapis roulants ne servent pas qu'à transporter des bagages, mais aussi des gens. Un escalator est un escalier mobile dont chaque marche est reliée à une courroie. Même lorsqu'elle tourne avec celle-ci, la marche reste toujours stable.

Un escalator peut transporter jusqu'à 10 000 personnes par heure.

Mode d'emploi
La courroie est entraînée grâce à un système de roues dentées et de chaînes. Les dents crantées maintiennent la chaîne en place. Lorsque la roue motrice tourne, elle entraîne la chaîne qui entraîne à son tour la roue de la poulie.

Roue

Les **marches** sont reliées à deux courroies. En haut de l'escalator, une roue entraînée par le moteur fait tourner la courroie dite «de transmission».

La **rampe**, également entraînée par le moteur, tourne au même rythme que les marches. Elle offre ainsi une prise stable et sécurisée.

Les marches s'aplatissent au début et à la fin pour éviter les chutes.

Moteur électrique

Poulie motrice

Roue dentée

Courroie de transmission

Courroie interne

La **courroie** tourne autour de la plate-forme et des poulies.

Plate-forme

Pour empêcher la courroie de se détendre en dessous, on la fait passer par de petits **rouleaux de retour**.

La **poulie de retour** tourne toute seule.

Au pied de chaque marche, des petites roues, appelées **roues de guidage**, suivent la courroie interne pour assurer la stabilité des marches.

Poulie de retour

Le premier modèle a fonctionné en 1895 aux États-Unis. C'était un manège dans une foire!

Déplacement =

Énergie

Pour aller d'un point à un autre,
la marche à pied est souvent le plus simple,
à condition de ne pas être pressé
et de ne pas aller trop loin. Dans le cas
contraire, il est préférable de se déplacer
à vélo ou avec un véhicule à moteur.

Sources d'énergie
Une action comme marcher
ou courir exige de l'énergie.
Nous puisons notre énergie
dans la nourriture ;
les véhicules ont besoin,
quant à eux, de carburant.

Au fait, de quoi
une voiture a-t-elle
besoin pour filer
sur la route ?

Le pétrole
Le pétrole est
une excellente
source d'énergie.
Sa combustion dégage
beaucoup d'énergie.

Les carburants
Les véhicules tirent leur énergie
des carburants ou d'autres
sources d'énergie. Il en existe
de plusieurs sortes.

 La plupart des voitures
roulent à l'essence,
un dérivé du pétrole.

 Le diesel, également dérivé
du pétrole, produit plus
d'énergie que l'essence.

 Si l'électricité propulse
certaines voitures, elle est
surtout utilisée pour
les trains et les tramways.

 Certains véhicules utilisent
l'énergie solaire comme
source d'énergie.

Qu'est-ce qui se déplace plus vite que tout le reste dans l'Univers ?

Force Mouvement

En avant!

L'énergie emmagasinée peut être transformée en force qui permet le mouvement. Une force est une poussée ou une traction.

POUSSÉE

TRACTION

La roue tourne grâce à deux forces opposées: le pneu «pousse» la route vers l'arrière, et la route «pousse» la roue vers l'avant.

Force de friction

La friction est une force de frottement qui ralentit les objets en mouvement en les tirant dans le sens opposé. Sans elle, il est impossible de marcher ou de circuler en voiture.

Plus vite!

Si on applique une force à un objet, il bouge; sinon il reste immobile. Plus la force est importante, plus il ira vite.

L'accélération

L'accélération est le secret de la vitesse: il s'agit de fournir une forte puissance en peu de temps. Pour cela, mieux vaut avoir un bon moteur et le bon carburant.

Les freins pressent des patins sur les roues.

Le freinage

Les frottements sur un objet en mouvement le ralentissent et finissent par l'arrêter: c'est le rôle des freins.

Qu'est-ce que c'est?

Les images ci-dessous sont des détails agrandis de photos figurant dans le chapitre «En route!». Amuse-toi à les retrouver!

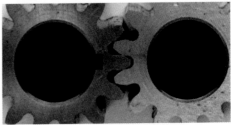

Pour en savoir plus
À bicyclette..., pages **26-27**
Le moteur à explosion, pages **32-33**

23

La lumière.

Roues et essieux

L'essieu est un bâton qui relie deux roues.
Depuis près de 6 000 ans, l'essieu et la roue
nous permettent de déplacer des objets.

Les frottements

Tout contact entre deux objets
crée une friction (ou frottement).
Si la zone de frottement est très
importante, l'objet n'avance pas,
ou mal.

Il est difficile de pousser
cette boîte, car la zone
de frottement (la surface
en contact avec le sol)
est trop grande.

Friction forte

Si la boîte est sur roues,
c'est plus facile : la zone
de frottement est réduite
aux roues. La roue
transforme le glissement
en roulement, ce qui
réduit encore la friction.

Friction faible

Essieu fixe

La charrette possède un essieu fixe.
Les roues tournent indépendamment
l'une de l'autre autour de l'essieu
et font avancer la charrette.

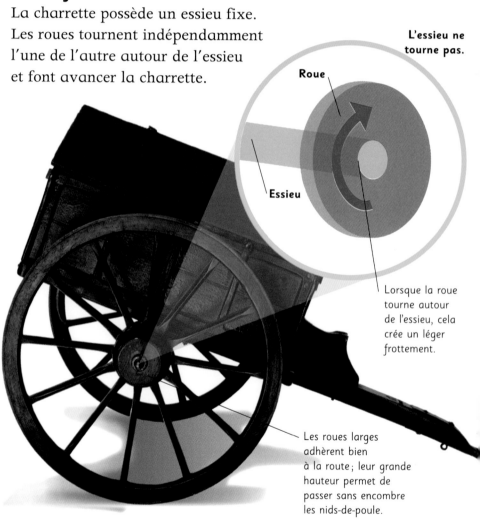

L'essieu ne
tourne pas.

Roue

Essieu

Lorsque la roue
tourne autour
de l'essieu, cela
crée un léger
frottement.

Les roues larges
adhèrent bien
à la route ; leur grande
hauteur permet de
passer sans encombre
les nids-de-poule.

La roue dans l'histoire

Les historiens pensent
que les premières roues
ont 8 000 ans et servaient
aux potiers. Ensuite seulement,
elles furent utilisées pour
déplacer des objets.

Le premier
chariot avec
roues et essieu
remonte
à environ
3 500 ans
av. J.-C.

La bicyclette
a toujours
du succès,
plus de
100 ans après
sa création.

Quelle est la plus grande roue au monde ?

Les rayons

Les rayons d'une roue relient le moyeu à la jante du pneu. Ils allègent la roue tout en étant assez solides pour supporter le poids, qu'ils répartissent uniformément grâce à leur disposition en étoile. Enfin, ils transfèrent l'énergie fournie par le moyeu.

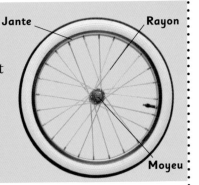

Jante Rayon

Moyeu

Autres roues

Les roues ne servent pas qu'à se déplacer ; elles ont d'autres usages :

Le **volant** est la « cinquième » roue d'un véhicule. Il sert à diriger.

Les roues dentées d'un **engrenage** transmettent mouvement et force.

La **poulie** et le **levier** utilisent la roue pour soulever ou déplacer des objets.

La **roue à aubes** transforme l'énergie hydraulique du courant en énergie mécanique.

Essieu tournant

Les véhicules modernes sont équipés d'un essieu tournant. Relié au moteur, il contribue à entraîner les roues.

Le moteur fait tourner une tige, appelée « arbre de transmission ». Celle-ci, via l'engrenage, transfère l'énergie produite par le moteur vers l'essieu.

Les roues tournent avec l'essieu.

Roue

Engrenage

Essieu

Arbre de transmission

La rotation de l'essieu entraîne les roues.

Incroyable !

Le Tweel est une roue aux pneus innovants. À la place de l'air, des rayons souples s'adaptent aux irrégularités de la route. Le Tweel ne risque donc pas de crever, à la différence du pneumatique habituel.

Dans les véhicules dits « à deux roues motrices », un essieu entraîne deux roues. Si les quatre roues sont motrices, les deux essieux entraînent les quatre roues.

Avec l'invention du moteur, il fallut créer de plus grosses roues adaptées aux véhicules.

Après divers essais, les roues furent équipées de pneus en caoutchouc remplis d'air.

Les voitures de course ont des roues spécifiques adaptées à chaque course.

La grande roue The Singapore Flyer, avec ses 165 mètres de hauteur.

Le vélo dans l'histoire

La draisienne (1816)
Le tout premier vélo ne possédait pas de pédales. Le cycliste devait le faire avancer avec ses pieds, sauf en descente.

La michaudine (1861)
Les pédales étaient fixées sur le moyeu de la roue. La roue faisait un tour à chaque tour de pédale. Aller vite exigeait un effort considérable.

Le grand bi (vers 1872)
La gigantesque roue avant permit d'augmenter la distance parcourue à chaque tour de pédale. Mais la hauteur de la selle était dangereuse.

La bicyclette de sécurité (vers 1884)
Ce fut le premier nom de la bicyclette avec dérailleur, encore utilisée aujourd'hui.

À bicyclette...

La bicyclette est un moyen de transport léger, simple, et surtout efficace : 90 % de l'énergie apportée par le pédalage est transformée en force motrice, qui fait avancer le vélo.

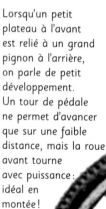

Changement de vitesse

Un vélo peut avoir une trentaine de vitesses. Une chaîne relie le pédalier à des roues dentées appelées « pignons ». Changer de pignon permet de pédaler plus vite ou plus facilement.

Lorsqu'un petit plateau à l'avant est relié à un grand pignon à l'arrière, on parle de petit développement. Un tour de pédale ne permet d'avancer que sur une faible distance, mais la roue avant tourne avec puissance : idéal en montée !

Lorsqu'un grand plateau à l'avant est relié à un petit pignon à l'arrière, on parle de grand développement. La roue effectue plusieurs tours à chaque tour de pédale : idéal pour aller vite sur le plat ou en descente !

La photo représente un vélo BMX. Que veut dire BMX ?

Guidon Il contrôle la roue avant. En le tournant, on change de direction. Il permet aussi de garder l'équilibre quand on pédale. Le guidon est un levier : plus il est long, plus il est facile à tourner.

Freins Lorsqu'on serre la poignée de frein sur le guidon, cela tire un câble relié aux patins en caoutchouc situés de part et d'autre de la roue. Ils serrent la roue comme une pince, ce qui en ralentit le mouvement.

Quelques vélos

Le **vélo** de ville s'utilise dans la vie de tous les jours. La chaîne est protégée pour éviter les taches de graisse sur les vêtements. Un panier reçoit les sacs.

Cadre Sur la plupart des vélos actuels, le cadre est formé de deux triangles. Les tubes, creux et en acier, sont légers et solides à la fois.

Le **VTT** possède un cadre solide et des pneus larges pour une bonne adhérence sur des terrains accidentés.

Pédales Elles transforment le mouvement vertical des jambes en mouvement circulaire (celui des roues).

Le **vélo de piste** est conçu pour la vitesse. Le cycliste doit se pencher sur le guidon dans une position aérodynamique. Ce vélo n'a pas de frein !

Pneus Les crampons (motifs sur les pneus) augmentent les frottements entre la roue et la chaussée, si bien que le vélo est facile à contrôler et ne dérape pas, même sous la pluie.

Incroyable !

La plus grande bicyclette construite aux Pays-Bas en 2002, mesurait 28,10 mètres de long !

Le **vélo couché** possède un siège avec dossier incliné sur lequel s'appuie le cycliste. Il est parfois couvert. Pédaler n'est pas évident, mais ce vélo va très vite.

Roues Les rayons des roues supportent le poids du vélo et du cycliste.

27

Bicycle Motocross est le terme anglais pour « bicross » (un sport inspiré du motocross).

Tenue de route

Pourquoi les camions
et les tracteurs ont-ils
de si grosses roues ? Pour leur
permettre d'adhérer au sol
sur les terrains glissants
et de se déplacer facilement
même lourdement chargés.

Adhérer au sol

Ces gros camions sont équipés de larges pneus
qui supportent leur poids et leur charge.
En roulant, les pneus appliquent une force
de frottement vers le sol comme s'ils repoussaient
la route : c'est cela qui fait avancer le camion.

Pertes de contrôle

Sur un sol boueux, les roues de cette voiture
n'adhèrent pas bien au sol. La boue
est humide et glissante, sans aspérités
susceptibles de provoquer suffisamment
de frottements avec les roues.
Celles-ci sont par ailleurs relativement
étroites et lisses : leur surface en contact
avec le sol boueux ne permet pas
non plus de générer des forces
de frottement suffisantes
pour faire avancer la voiture.

Les tracteurs, qui ont
de larges pneus avec
des sculptures
profondes, n'ont
pas ce problème.

Tracteur

Voiture

Les stries en V
repoussent la terre
derrière le pneu.

Quelles sont les dimensions du plus grand pneu au monde ?

« Monster trucks »

Qu'obtient-on en fixant un châssis de pick-up sur un essieu de bus ? Un « monster truck ». Équipé de roues de tracteur et d'un bon système de suspensions, il peut passer partout et faire des sauts phénoménaux.

Le système de suspension

Lorsqu'une voiture roule sur une bosse, les roues aussi. Le système de suspension, qui comprend les pneus, les ressorts et les amortisseurs, sert à absorber le choc de la montée et de la descente sur une bosse.

Dans l'amortisseur, le gaz freine l'action de la pompe (ou piston), et transforme l'énergie de cette dernière en chaleur.

Ressort

Vue en coupe

Amortisseur

Pneu

Les pneus
Les pneus sont sous-gonflés pour pouvoir se déformer sur les bosses sans avoir à grimper dessus.

Les ressorts
Autour de chaque amortisseur, un ressort se contracte et se détend pour atténuer l'impact.

Amortisseurs
L'amortisseur est une pompe remplie d'un gaz qui absorbe l'énergie de la roue lorsqu'elle touche le sol.

Il mesure 4 mètres de diamètre et pèse 7,3 tonnes.

Pédales et pistons

De nombreux modes de transport sont équipés de roues. Celles-ci, en roulant, repoussent le sol selon le principe de la force de frottement. Mais qu'est-ce qui fait tourner les roues ?

Ça roule !

Lorsque nous faisons du vélo, nos pieds appuient sur les pédales de haut en bas. Les pédales font tourner la manivelle, qui fait tourner la roue. Le principe est le même pour la voiture.

Engrenage

Manivelle

Pédale

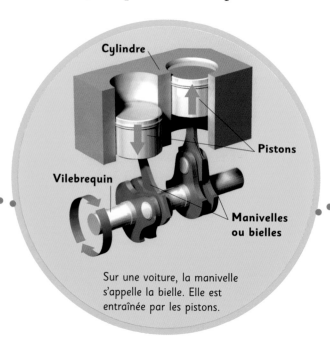

Cylindre

Pistons

Vilebrequin

Manivelles ou bielles

Sur une voiture, la manivelle s'appelle la bielle. Elle est entraînée par les pistons.

C'est parti !

La manivelle entraîne une chaîne reliée à la roue arrière, aussi lorsqu'on pédale, on n'actionne en réalité qu'une seule roue. Les vélos ont souvent plusieurs vitesses pour faciliter l'effort.

Types de moteurs

Le nombre de pistons, aussi appelés « cylindres », varie selon les véhicules. Généralement, plus un véhicule est grand, plus il a de cylindres.

La tondeuse n'a qu'un seul cylindre (donc un seul piston pour faire tourner les roues).

Cette moto a deux cylindres. Leur lent va-et-vient produit le « chomp ! chomp ! » typique de la Harley.

Harley Davidson

Tondeuse

Qu'appelle-t-on un 4x4 ?

Une affaire de pistons

Le moteur abrite une rangée de pistons métalliques, qui pompent de haut en bas, comme nos pieds sur les pédales d'un vélo.

Ce schéma explique, en quatre points, comment les pistons font tourner les roues.

Cette voiture, dite à propulsion, avance grâce à ses roues arrière.

4
L'arbre de transmission fait tourner l'essieu qui entraîne à son tour les roues.

Essieu

Essieu

Les pistons sont fixés à des manivelles (ou bielles) qui entraînent le vilebrequin.

2

Pistons

Les pistons vont et viennent de haut en bas.

Arbre de transmission

3

1

Le vilebrequin fait tourner l'arbre de transmission via la boîte de vitesses.

Boîte de vitesses

Vilebrequin

Jeu de transmission

Les pistons sont raccordés au vilebrequin, lui-même relié à l'arbre de transmission. L'arbre de transmission est rattaché à l'essieu, et les roues tournent, tournent…

Pour en savoir plus
Le moteur à explosion, pages **32-33**
Les bolides de course, pages **34-35**

La voiture de formule 1 a besoin d'un moteur rapide et puissant : il contient 8 cylindres.

Formule 1

Cet immense porte-conteneurs possède cinq ponts et pèse plus de 2500 tonnes. Son moteur est équipé de 14 cylindres dont chacun est plus grand qu'un adulte !

Emma Maersk

MAERSK LINE

Une voiture dont les pistons entraînent les quatre roues de façon autonome.

Le moteur à explosion

La plupart des véhicules « brûlent » du carburant pour produire l'énergie nécessaire à leur déplacement. Ils le font dans un moteur dit « à combustion interne », alimenté par une succession de petites explosions.

Pourquoi ça brûle ?

L'essence ou le gasoil s'enflamment facilement : il suffit d'une étincelle et d'oxygène. L'air contient de l'oxygène.

Recette du feu :

Carburant + oxygène + étincelle = feu

Explosion de puissance

À vitesse normale, le moteur d'une voiture connaît 50 petites explosions par seconde. À chaque explosion, les pistons montent et descendent selon un cycle de quatre temps : admission, compression, explosion et échappement.

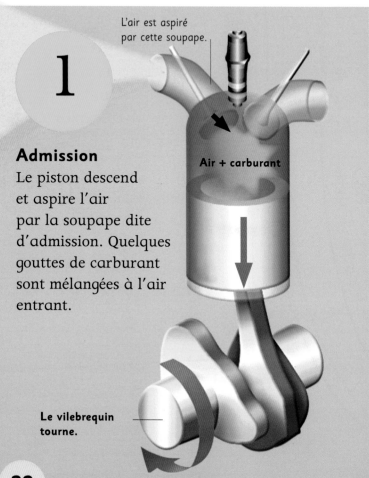

L'air est aspiré par cette soupape.

1

Admission

Le piston descend et aspire l'air par la soupape dite d'admission. Quelques gouttes de carburant sont mélangées à l'air entrant.

Air + carburant

Le vilebrequin tourne.

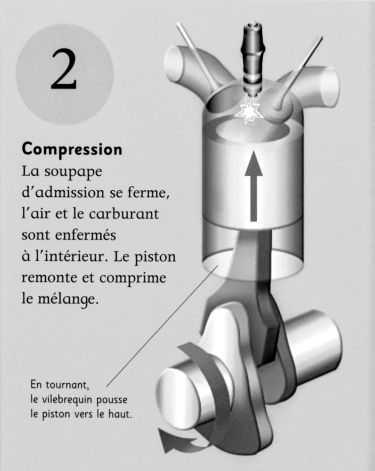

2

Compression

La soupape d'admission se ferme, l'air et le carburant sont enfermés à l'intérieur. Le piston remonte et comprime le mélange.

En tournant, le vilebrequin pousse le piston vers le haut.

Qu'est-ce que le feu ?

Les cylindres

La combustion se déroule dans les cylindres. L'énergie dégagée par chaque mini-explosion fait monter et descendre les pistons. Ce mouvement actionne le vilebrequin, qui fait tourner à son tour les roues (voir pages 30-31).

Les pistons, au cœur du moteur, sont encastrés dans des cylindres creux dans lesquels la combustion du carburant se produit.

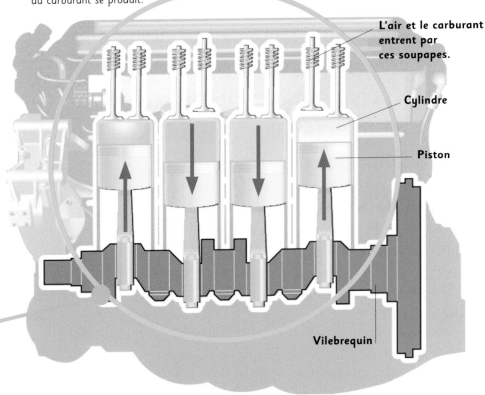

L'air et le carburant entrent par ces soupapes.

Cylindre

Piston

Vilebrequin

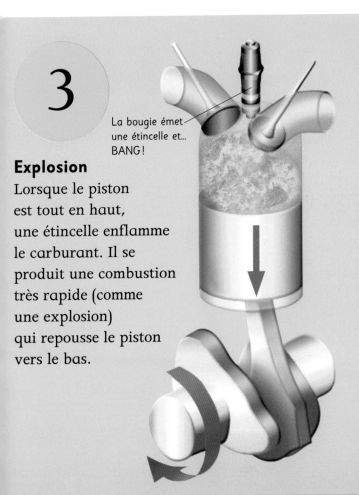

3

La bougie émet une étincelle et... BANG!

Explosion

Lorsque le piston est tout en haut, une étincelle enflamme le carburant. Il se produit une combustion très rapide (comme une explosion) qui repousse le piston vers le bas.

4

Échappement

Pour finir, le piston remonte et expulse les gaz brûlés par l'autre soupape. Ces gaz sortent ensuite par le pot d'échappement.

Les gaz brûlés sont expulsés par cette soupape vers le pot d'échappement.

Une réaction chimique intense qui dégage de la chaleur et de la lumière.

Les bolides de course

Les voitures de formule 1 ont de nombreux points communs avec les voitures normales : moteur à combustion, vitesse, volant… Elles sont toutefois conçues dans un seul but : gagner des courses !

Arrêt au stand
Pendant l'arrêt au stand, les mécaniciens font le plein et changent les pneus en à peine 30 secondes !

Chef-d'œuvre de technologie
Chaque pièce d'une formule 1 est légère et extrêmement solide. Lorsque cette voiture roule à 360 km/h, sa vitesse de pointe, l'air a la force d'un ouragan. C'est pour lui offrir le moins de résistance possible qu'elle est basse et profilée (aérodynamique).

Les ailerons créent une poussée vers le bas qui empêche la voiture de décoller avec la vitesse.

Même le casque du pilote doit être aérodynamique.

La flèche bleue indique le passage de l'air au-dessus de la voiture.

Quel est le poids minimum d'une formule 1 ?

La force centrifuge

Le pilote de formule 1 est violemment secoué dans sa voiture à chaque virage de la piste sous l'effet de la force centrifuge. Cette force, qui peut être jusqu'à six fois supérieure à la gravité terrestre, n'en est pas vraiment une : il s'agit de la résistance du corps au mouvement (il veut rester droit). On peut l'observer dans une voiture classique avec un simple verre d'eau : l'eau forme des vagues quand la voiture roule et tourne par exemple.

Le casque du pilote est attaché au siège pour maintenir la tête lors des accélérations et dans les virages.

L'inertie

Tout objet en mouvement a tendance à poursuivre son déplacement dans la même direction, en ligne droite et à vitesse constante : c'est le principe de l'inertie. La force centrifuge est une conséquence de l'inertie.

La voiture accélère

L'eau gicle vers l'arrière.

La voiture freine

L'eau gicle vers l'avant.

Virage à droite

L'eau gicle vers la gauche.

Virage à gauche

L'eau gicle vers la droite.

Un as du volant

Le pilote de formule 1 doit se concentrer exclusivement sur la course. Comme il y a peu de place dans la voiture, toutes les commandes sont regroupées sur le volant. De même, il n'y a que deux pédales, l'une pour accélérer et l'autre pour freiner.

Avec ces boutons, le pilote peut tout faire, y compris boire : une longue paille amène directement la boisson dans sa bouche. Aucun risque de renverser son verre !

En comptant le pilote, le poids minimum est de 600 kg.

À toute allure

Tout le monde, ou presque, aime la vitesse. Qu'est-ce que la vitesse ? Et la rapidité ? Pourquoi les voitures de course sont-elles si rapides et les camions si lents ? Pour aller vite, plusieurs facteurs entrent en jeu.

L'accélération ne signifie pas seulement «aller plus vite». Les scientifiques utilisent ce terme pour décrire tout changement de vitesse, comme ralentir ou même changer de direction.

Vitesse, rapidité et accélération
La vitesse correspond à la distance parcourue en un temps donné. La rapidité, c'est l'inverse ; c'est le temps mis pour parcourir une distance. L'accélération, c'est la rapidité pour changer de vitesse, par exemple quand on donne un bon coup de pédale pour aller plus vite.

Chevaux-vapeur ?
La puissance d'un moteur se mesure avec une vieille unité, le cheval-vapeur. Elle correspond au nombre de chevaux nécessaires pour fournir une traction équivalente. Une berline familiale équivaut à 135 chevaux.

À quelle vitesse roule une voiture électrique ?

Une question de puissance

Avec un moteur puissant, on peut accélérer très vite, si bien qu'une voiture de sport battra toujours une tondeuse à la course. Mais l'accélération sera moins bonne si la voiture transporte un éléphant. En effet, il faut plus de puissance pour déplacer un objet lourd.

Camion-citerne

Bolide Ariel Atom

Camion-citerne contre bolide Ariel Atom

Ces deux véhicules ont un moteur de 300 chevaux-vapeur. Le camion-citerne (ci-dessus) chargé d'essence pèse 100 tonnes, contre 0,5 tonne pour l'Atom (ci-contre). Tous deux ont la même puissance mais, à l'arrêt, il faut 35 secondes au camion-citerne pour atteindre 100 km/h, alors que 2,7 secondes suffisent à l'Atom. Ce bolide possède l'une des plus fortes accélérations du monde.

Pas de temps mort

Rien n'accélère plus vite qu'un dragster, pas même la navette spatiale. Le dragster met moins de 4,5 secondes pour passer de 0 à 530 km/h. Il carbure au nitrométhane, qui fournit deux fois plus de puissance que l'essence. Les roues arrière sont gigantesques pour relayer efficacement la puissance du moteur.

Voitures supersoniques

Pour aller vraiment vite et battre tous les records, une seule solution : mettre un turboréacteur sous le châssis. Le turboréacteur fonctionne sans piston. Il aspire l'air à l'entrée du moteur, l'utilise pour brûler le carburant et rejette les gaz chauds par l'arrière. La voiture peut ainsi atteindre 1 230 km/h et passer le mur du son.

La voiture de sport Tesla Roadster peut atteindre 210 km/h.

La propulsion

La plupart des voitures ont un moteur fonctionnant à l'essence, mais il existe d'autres sources d'énergie. Les énergies qui ne sont pas d'origine fossile, à l'inverse de l'essence, deviendront de plus en plus importantes à l'avenir.

La voiture solaire

Sur cette voiture, les panneaux solaires produisent de l'électricité à partir de la lumière du soleil. Cette énergie alimente un moteur électrique qui fait tourner les roues. La voiture solaire est peu puissante, elle doit donc être légère et aérodynamique (profilée).

La voiture électrique

Dans une voiture électrique, l'énergie est stockée dans la batterie. Celle-ci fournit de l'électricité au moteur, qui entraîne les roues. Seul inconvénient, il faut plusieurs heures pour la recharger.

Moteur électrique

Les voitures solaires ont besoin de soleil. Elles sont plates et très larges ou longues afin de pouvoir accueillir les panneaux solaires sur le toit.

Plate et profilée, la voiture est aérodynamique et peu gourmande en énergie.

Les panneaux solaires se composent de nombreuses cellules, dites «photovoltaïques».

De quand date la commercialisation de la première voiture hybride ?

Les biocarburants

Nombreuses sont les voitures qui roulent aux biocarburants, des carburants produits à partir de plantes. Le biodiesel, par exemple, est fabriqué à partir d'huile végétale. Au Brésil et aux États-Unis, on ajoute à l'essence de l'alcool issu du maïs ou de la canne à sucre. Les biocarburants polluent moins mais leur culture exige beaucoup d'espace, ce qui peut nuire à l'environnement.

Le maïs est mélangé à l'eau et mis à fermenter.

Le sucre se transforme en alcool, ajouté à l'essence.

La voiture à hydrogène

Cette voiture utilise de l'hydrogène liquide comme carburant. L'hydrogène passe dans une « pile » à combustible, où il se combine avec l'oxygène de l'air pour produire de l'eau et de l'électricité. Comme dans la voiture électrique, c'est cette électricité qui fait tourner le moteur et les roues.

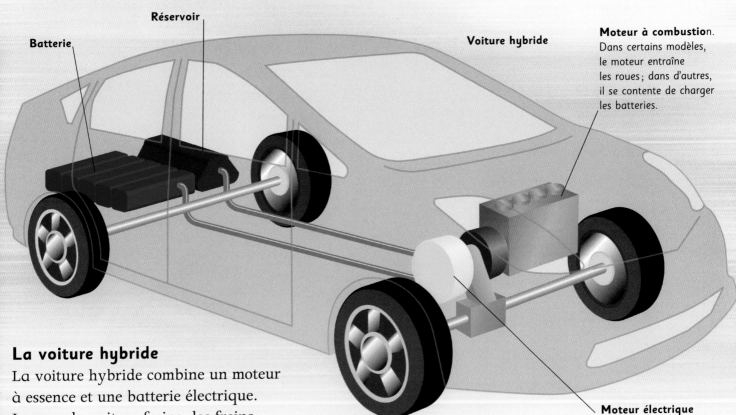

Batterie

Réservoir

Voiture hybride

Moteur à combustion. Dans certains modèles, le moteur entraîne les roues; dans d'autres, il se contente de charger les batteries.

Moteur électrique

La voiture hybride

La voiture hybride combine un moteur à essence et une batterie électrique. Lorsque la voiture freine, les freins récupèrent l'énergie pour charger la batterie. Un ordinateur sélectionne le type de « carburant » (essence ou électricité) pour optimiser la consommation d'énergie.

La voiture à air comprimé

Cette voiture fonctionne un peu comme un ballon. L'air comprimé est stocké dans un réservoir : il est expulsé lorsque le conducteur accélère, et c'est le jet d'air qui fait tourner le moteur.

Les chemins de fer

La plupart des pays possèdent un réseau ferré
où les trains se déplacent sur des rails.
Les trains fonctionnent généralement
à l'électricité, fournie par les rails ou les câbles.

Ce train se courbe, ce qui
lui permet de prendre les
virages à grande vitesse.

Moteur

Diesel électrique

Certains trains
électriques fonctionnent
au diesel, qui est utilisé
pour produire
de l'électricité.
Cette électricité alimente
les moteurs qui font
tourner les roues
et avancer le train.

La plupart des trains
de marchandises sont
des trains diesel électrique.

Troisième rail

D'autres trains utilisent un troisième rail électrifié.
Une pièce, appelée «sabot», transmet l'électricité au train.

Roue
du train

Sabot

Les rails
électrifiés
sont dangereux !
Marcher dessus peut
être mortel.

Câbles aériens

Certains trains sont alimentés en électricité par un bras métallique relié
à un câble aérien. Le câble transporte du courant
haute tension, 20 000 volts environ.

Le bras en métal s'appelle
un «pantographe».

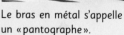

40

Quelles sont les couleurs des feux de signalisation des trains ?

La signalisation

Les feux de signalisation indiquent au conducteur s'il peut avancer, s'il doit faire attention ou s'arrêter.

Quelques trains...

Pour le transport des personnes et des marchandises, rien de plus efficace que le train !

Le train de marchandises peut dépasser 7 km de long.

Le train super express, au Japon, fut le premier train à grande vitesse.

Le TGV français, qui peut atteindre 515 km/h, est le train le plus rapide jamais construit.

L'Eurostar relie la France à l'Angleterre via le tunnel sous la Manche.

Le Transsibérien effectue le plus long trajet du monde : 9 297 km.

La ligne Qinghai-Tibet est la plus haute du monde : les passagers doivent transporter des bouteilles d'oxygène.

Les roues des trains

Les trains ont des roues en métal. Une bordure métallique appelée « boudin » empêche le train de dérailler. Le boudin ne doit pas toucher les rails ; lorsque cela se produit, on entend un crissement aigu.

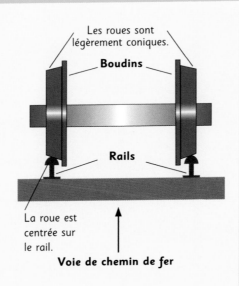

Les roues sont légèrement coniques.

Boudins

Rails

La roue est centrée sur le rail.

Voie de chemin de fer

Sur rails

Les rails guident les trains entre deux gares. Ils sont en acier et généralement soudés entre eux pour éviter les cahots. Un train passe d'une voie à l'autre par une zone dite d'« aiguillage », composée de rails mobiles.

A

B

Aiguillage

C

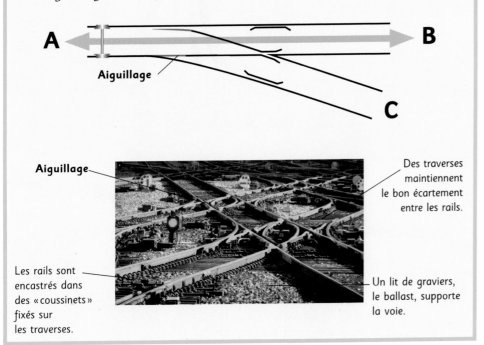

Aiguillage

Les rails sont encastrés dans des « coussinets » fixés sur les traverses.

Des traverses maintiennent le bon écartement entre les rails.

Un lit de graviers, le ballast, supporte la voie.

Les freins

Les roues en métal risquent de glisser lorsque le train freine sur des rails gelés. Pour éviter cela, un peu de sable est répandu l'hiver devant les roues.

Rouge, orange et vert, comme pour les voitures.

L'air et l'eau

L'air et l'eau sont
de grands exemples
de deux types de matière :
les gaz et les liquides.
Ils se comportent
de manières différentes.

Qu'est-ce qu'une molécule ?

Les liquides et les gaz sont constitués
de molécules. Une molécule est si petite
qu'elle est invisible à l'œil nu.
Elle contient des particules encore
plus minuscules, les atomes.
Tout dans l'Univers est constitué
d'atomes.

Molécule de gaz

Les gaz

L'air est un gaz.
Les molécules de gaz ont beaucoup
d'énergie, elles s'agitent et se cognent
sans cesse. Elles se répandent pour
remplir n'importe quel récipient.
Sans récipient pour les contenir,
elles s'échappent dans l'atmosphère.
Comme il y a beaucoup de vide
entre chaque molécule, les gaz
peuvent être compressés
dans un petit espace.

Courant d'air

Le vent, c'est tout simplement
des molécules d'air qui
se déplacent sous l'effet
d'une force appelée « pression ».

dioxyde de carbone

oxygène — carbone — oxygène

oxygène   azote

La molécule d'air

L'air est formé de plusieurs
molécules parmi lesquelles
l'azote, l'oxygène et le dioxyde
de carbone. Chacune
de ces molécules est composée
de groupes d'atomes.

Comment appelle-t-on une matière dans laquelle les atomes sont immobiles ?

Les scientifiques appellent la molécule d'eau H_2O (H représente l'hydrogène et O l'oxygène).

Les liquides

Les liquides adoptent toujours la forme de leur récipient. Les molécules sont plus serrées dans un liquide que dans un gaz, et ont moins d'énergie pour se mouvoir. Des forces spéciales les maintiennent les unes aux autres. Il est très difficile de compresser un liquide pour qu'il prenne moins de place.

Molécule d'eau

Qu'est-ce que c'est ?

Les images ci-dessous sont des détails agrandis de photos figurant dans le chapitre «Gaz et liquides». Amuse-toi à les retrouver !

La molécule d'eau

La molécule d'eau est formée de deux atomes d'hydrogène liés à un atome d'oxygène. Elle est légèrement «collante», si bien qu'elle s'assemble aux autres molécules pour former des gouttes.

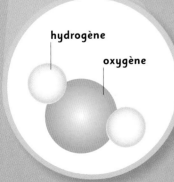

hydrogène

oxygène

Pour en savoir plus

En bateau, pages **46-47**
Comment les avions volent-ils ? pages **52-53**

Un solide

Les fluides

Les gaz (comme l'air) et les liquides
(comme l'eau) sont des «fluides».
Ils se déplacent plus ou moins
de la même façon, peuvent contourner
les obstacles et remplir des récipients.

Voiture profilée
Les lignes d'une voiture sont
les plus aérodynamiques possibles
afin que l'air glisse dessus.

Fluidité
Les fluides contournent
facilement les obstacles
courbes (aérodynamiques),
mais pas ceux avec des angles
ou des bosses, qui
les ralentissent à cause
d'une force, la traînée.

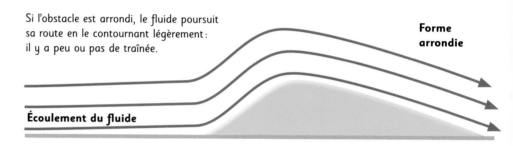

Si l'obstacle est arrondi, le fluide poursuit
sa route en le contournant légèrement :
il y a peu ou pas de traînée.

Forme arrondie

Écoulement du fluide

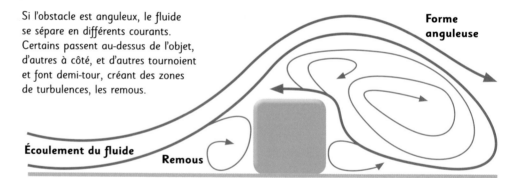

Si l'obstacle est anguleux, le fluide
se sépare en différents courants.
Certains passent au-dessus de l'objet,
d'autres à côté, et d'autres tournoient
et font demi-tour, créant des zones
de turbulences, les remous.

Forme anguleuse

Écoulement du fluide

Remous

Sir Isaac Newton
découvrit la gravité
en voyant
une pomme tomber
d'un arbre.

Gravité et poids
La gravité génère la force qui nous fait
demeurer au sol. C'est aussi elle qui maintient
la Lune en orbite autour de la Terre et la Terre
autour du Soleil. La gravité est ce qui donne
un poids aux corps. Sinon, ceux-ci flotteraient
comme dans l'espace.

Qu'est-ce qui est le plus dense, l'eau ou l'air ?

C'est dense?

Le poids d'un objet dépend aussi de sa masse, c'est-à-dire du nombre de minuscules particules (les atomes) qu'il contient. Pour un même espace, certaines substances ont plus d'atomes que d'autres. Plus les atomes sont serrés, plus la substance est dense. Chaque substance a une densité spécifique.

Un kilogramme de briques pèse autant qu'un kilogramme d'oranges, mais les oranges occupent plus de place. Comme la masse des briques est concentrée dans un plus petit volume, on dit que la brique est plus dense que l'orange.

Se déplacer dans un fluide

Dans un fluide, certains objets flottent, d'autres coulent ou tombent : tout dépend de leur densité.

Un objet **flotte** dans l'air s'il est **moins dense** que l'air.

Le gaz du ballon est plus léger que l'air environnant, donc il s'élève lentement.

Un objet **flotte** dans l'eau s'il est **moins dense** que l'eau.

Le bateau flotte car il est surtout rempli d'air, qui est moins dense que l'eau.

Un objet **tombe** dans l'air s'il est **plus dense** que l'air.

Les pommes sont plus denses que l'air, donc elles tombent de l'arbre.

Un objet **coule** dans l'eau s'il est **plus dense** que l'eau.

La brique, avec ses molécules très serrées, est dense, donc elle coule.

L'eau est 1 000 fois plus dense que l'air.

En bateau

Pourquoi les bateaux flottent-ils, et pourquoi coulent-ils parfois ? C'est une question de flottabilité.

Ça flotte !

Le bateau est très lourd, surtout lorsqu'il porte l'équipage, les passagers et la cargaison. Pourtant il flotte car il existe une force particulière dans l'eau, la poussée d'Archimède, qui pousse le bateau vers la surface : le bateau déplace l'eau vers le bas, mais l'eau déplacée le pousse d'autant vers le haut. Si la partie immergée du bateau est plus légère que le volume d'eau déplacé, le bateau flotte (voir page 45).

Le ballon flotte.

La flottabilité

Un objet flotte si sa partie immergée (dans l'eau) est plus légère que le volume d'eau correspondant. Sinon, il coule.

La balle de golf coule.

Le poids du bateau est réparti sur toute la coque.

Question d'équilibre

La poussée d'Archimède pousse le bateau vers le haut tandis que la gravité le tire vers le bas. Ces deux forces s'équilibrant, le bateau flotte.

Gravité

Poussée d'Archimède

Quel est le plus grand bateau du monde ?

Si l'eau rentre dans un compartiment, une cloison étanche l'empêche d'inonder le reste du bateau.

Cloisons

Systèmes de sécurité

Le bateau peut couler s'il prend l'eau. Pour prévenir ce risque, la cale du bateau est cloisonnée en plusieurs compartiments étanches.

Double coque

Les grands bateaux ont généralement une double coque, comme un pneu avec une chambre à air, qui protège le bateau en cas de collision avec un rocher ou un iceberg.

Coque   **Double coque**

La coque en acier est remplie d'air très léger, qui maintient le bateau à flot.

Naufrage

L'air contenu dans la coque rend le bateau moins dense que l'eau environnante. Si le bateau heurte un écueil qui déchire la coque, l'eau s'engouffre à la place de l'air. Le bateau devient plus dense et coule.

Ce bateau se remplit d'eau et commence à sombrer.

Sous l'eau

Le sous-marin n'est pas un bateau comme un autre : il doit pouvoir flotter ou plonger sur commande. Il utilise pour cela ses ballasts, qu'il remplit d'air ou d'eau.

1 Le poids de la coque du sous-marin l'aide à plonger, mais il flotte tant que les ballasts sont remplis d'air. La purge (une ouverture) laisse sortir une partie de l'air, tandis que l'autre est comprimée dans un petit réservoir. L'eau rentre dans les ballasts et le sous-marin plonge.

Périscope

Réserve d'air comprimé

Purge

Intérieur

Ballast

L'eau rentre par ces valves et le sous-marin plonge.

2

L'air s'engouffre dans les ballasts.

Lorsque le sous-marin est en plongée, l'air de la réserve est injecté dans les ballasts jusqu'à ce que la densité du sous-marin soit identique à celle de l'eau. Il reste ainsi en équilibre et peut se déplacer dans l'eau.

L'eau est expulsée.

Les ballasts se remplissent d'air, le sous-marin remonte.

3 Pour remonter, le sous-marin injecte davantage d'air dans les ballasts et expulse l'eau. Une fois à la surface, il aspire de l'air par les valves pour remplir les ballasts et flotter.

L'eau est expulsée.

Ballons volants

Pourquoi certains ballons restent-ils
dans les airs alors que d'autres
retombent ? Cela dépend
du gaz qu'ils contiennent.

Un dirigeable peut monter
à 2000 mètres d'altitude,
c'est beaucoup moins que l'altitude
de croisière d'un avion
(8 800 mètres).

Le ballon de baudruche est rempli d'hélium.

He

Hélium
Ce ballon contient un gaz
appelé « hélium ».
L'hélium étant plus léger
que l'air, le ballon flotte.

Les ballons gonflés
à l'hélium sont
attachés pour
ne pas s'envoler !

Le poids de l'air
Un ballon rempli d'un gaz
plus léger que l'air flotte.
S'il est rempli d'un gaz
plus lourd, il tombe.

CO_2

Dioxyde de carbone
L'air que nous soufflons dans
un ballon est plus riche en
dioxyde de carbone que l'air
environnant, donc plus lourd.
Ainsi, un ballon gonflé à
la bouche retombera
au sol.

Bon à savoir

L'hélium est un **gaz**
inodore. Il représente
environ 7 % des gaz
présents dans la nature.

Les plongeurs sous-marins
respirent un mélange
d'hélium et d'oxygène.

L'hélium bout à très basse
température (-269 °C) et se
transforme en gaz.

L'hélium, composant des
étoiles, tire son nom du grec
helios, qui signifie « Soleil ».

L'hélium liquide,
transparent et très froid,
est utilisé dans les lanceurs
spatiaux.

Quel est le seul élément qui a d'abord été découvert dans l'espace avant de l'être sur Terre ?

Vaisseaux gonflables volants

Le dirigeable est un aéronef plus léger que l'air. Il contient un ballon principal rempli d'hélium et deux grand ballons internes, les ballonnets. Ces derniers se remplissent ou se vident d'air pour contrôler l'altitude du dirigeable.

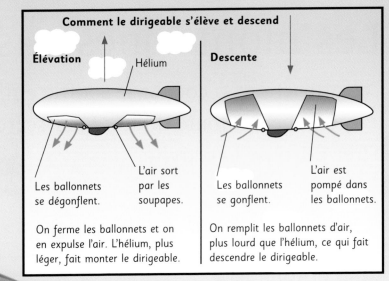

Comment le dirigeable s'élève et descend

Élévation

Hélium

Les ballonnets se dégonflent.

L'air sort par les soupapes.

On ferme les ballonnets et on en expulse l'air. L'hélium, plus léger, fait monter le dirigeable.

Descente

L'air est pompé dans les ballonnets.

Les ballonnets se gonflent.

On remplit les ballonnets d'air, plus lourd que l'hélium, ce qui fait descendre le dirigeable.

MERIQUEST

C'est dans l'air !

La montgolfière s'élève lorsqu'on chauffe l'air à l'intérieur de l'enveloppe. La chaleur donne plus d'énergie aux molécules. Celles-ci s'écartent de plus en plus et l'air devient plus léger.

L'air froid pèse plus lourd car les molécules sont rassemblées.

L'air chaud est plus léger car les molécules sont séparées.

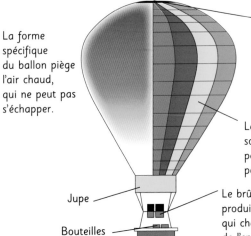

La forme spécifique du ballon piège l'air chaud, qui ne peut pas s'échapper.

Une soupape au sommet de l'enveloppe permet de laisser l'air chaud s'échapper et de contrôler la descente de la montgolfière.

Les fuseaux de tissu sont cousus perpendiculairement pour garantir la solidité.

Jupe

Bouteilles de propane

Le brûleur au propane produit une flamme chaude qui chauffe l'air à l'intérieur de l'enveloppe.

L'hélium.

Les montagnes russes

Ces attractions à couper le souffle entraînent les passagers à toute allure. Leur secret ? Tirer parti de la gravité.

Les anciennes montagnes russes étaient en bois.

Montée...

Lorsqu'un wagon gravit la première colline, la plus raide, il accumule de l'énergie potentielle.

L'énergie potentielle est maximale au sommet de la colline.

Au sommet

Au sommet de la colline, l'énergie potentielle du wagon est à son maximum. Elle se transforme en énergie cinétique lorsque le wagon descend la pente.

Aaaahh !

Le wagon accélère pendant la descente.

Lorsqu'on dévale une pente raide, on a l'impression de ne rien peser, ce qui n'est pas toujours très rassurant !

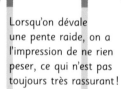

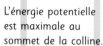

Réaction en chaîne

Les wagons des montagnes russes n'ont pas de moteur. Ils sont hissés en haut de la première colline grâce à un système à crémaillère actionné par une chaîne.

Où furent construites les premières montagnes russes ?

Aaaaaah !

De nombreuses forces entrent en jeu dans les sensations que procurent les montagnes russes.

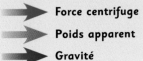

→ Force centrifuge

→ Poids apparent

→ Gravité

Harnais de sécurité

La sécurité avant tout

Un harnais de sécurité protège les passagers. Les freins sont intégrés aux rails et non aux wagons ; ils servent à la fin du trajet ou en cas d'urgence.

Métal flexible

Les rails et les piliers de la plupart des montagnes russes sont en acier creux, auquel on peut donner la forme d'une boucle ou d'une vrille.

Une fois en bas, la vitesse du wagon est suffisante pour le propulser jusqu'à la prochaine boucle. Elle crée une force centrifuge (voir page 35) qui donne aux passagers l'impression d'être très lourds.

L'énergie cinétique est maximale en bas de la colline.

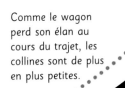

Comme le wagon perd son élan au cours du trajet, les collines sont de plus en plus petites.

Concentré de force

Les rails canalisent l'effet de la gravité. En descente, l'avant du wagon accélère, alors qu'en montée, l'arrière pèse vers le bas et ralentit le wagon.

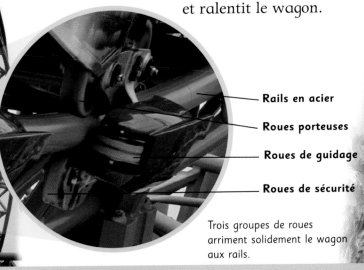

— Rails en acier

— Roues porteuses

— Roues de guidage

— Roues de sécurité

Trois groupes de roues arriment solidement le wagon aux rails.

Expérience ultime

Frissons garantis avec le nouveau *Rip Ride Rockit* en Floride (États-Unis) : très court et très puissant, il peut pivoter comme une planche à roulettes et monter une pente à la verticale.

Chaque passager peut choisir une musique via un écran tactile placé devant lui.

51

Comme leur nom l'indique, en Russie, au xviiᵉ siècle, où elles servaient de pistes de luge.

Comment les avions volent-ils ?

Chaque jour, des milliers d'avions sillonnent le ciel de notre planète. Ces énormes machines défiant la gravité font intervenir plusieurs forces pour pouvoir voler dans les airs.

Forces en vol

Tout objet qui se déplace dans l'air avec une certaine vitesse est soumis à plusieurs forces créées par l'air déplacé. Il s'agit de la poussée, la traînée, la portance et le poids. Pour voler, un avion doit équilibrer ces quatre forces.

La poussée

Un avion doit créer de la poussée pour contrebalancer la traînée. Celui-ci est équipé d'une hélice qui crée la poussée. En tournant, l'hélice aspire l'air entre les pales et pousse l'avion vers l'avant.

Cockpit

Moteur

Poussée

Hélice

Trous d'air

Tout comme un bateau rebondit sur les vagues, un avion peut rebondir sur des zones de turbulences (de l'air). Celles-ci se produisent lorsque les poches d'air se déplacent à des vitesses différentes du fait du vent, des orages ou de la différence de température.

Niveau de l'avion

Air frais

L'air chaud s'élève plus vite, faisant « rebondir » l'avion.

Très très gros porteur

L'Airbus A380 est le plus gros avion du monde. Long de 73 m, ce gros porteur peut transporter jusqu'à 853 passagers. Il est 10 fois plus long que le Cessna 400, qui a quatre places.

Cessna 400

Airbus A380

Quel fut le premier avion qui réussit à voler ?

La portance

La portance est la force contraire au poids.
Un avion crée surtout de la portance avec ses ailes.

L'air passe sur les ailes de l'avion lorsque celui-ci avance. Le dessus de l'aile est courbe, si bien que l'air se déplace plus vite au-dessus qu'en dessous de l'aile.

L'air sous l'aile pousse plus fort vers le haut que l'air du dessus ne pousse vers le bas : c'est le principe de la portance.

Portance

Écoulement de l'air

Aileron

Dérive

Fuselage

Gouvernail

Aile

Volet

Stabilisateur

Traînée

Poids

Le poids

Le poids est l'action de la gravité sur un objet. Tout, même l'air, a un poids. L'Airbus A380 doit créer une forte portance pour contrebalancer son énorme poids de 560 tonnes.

La traînée

La traînée est la force qui s'oppose à la poussée ; elle ralentit l'objet. Si on laisse tremper sa main dans l'eau lorsqu'on se déplace en bateau, on sent la pression de l'eau qui retient la main en arrière. L'air a le même effet sur les avions (et sur tout ce qui se déplace). Les avions ont un fuselage aérodynamique pour réduire la traînée.

Chacun son rôle

Chaque élément a une fonction bien précise, du nez profilé à la dérive qui permet à l'avion de rester en équilibre.

Les volets, derrière les ailes, sont utilisés pour augmenter la portance au décollage et à l'atterrissage.

Les ailerons au bout des ailes permettent de donner du «roulis» à l'avion, de le faire tourner ou de le stabiliser.

En queue d'avion, **le gouvernail** fait tourner l'appareil à gauche ou à droite.

Les stabilisateurs, de part et d'autre de la dérive, montent et descendent par rapport au nez pour que l'avion reste horizontal.

Le *Wright Flyer*. Lors de son premier vol en 1903, il a décollé pendant 12 secondes !

53

3, 2, 1… Décollage !

L'espace reste à découvrir.
Nous n'avons encore exploré
qu'une infime portion de notre
galaxie, et ce fut déjà très difficile,
dangereux et coûteux.

Tour de sauvetage : permet la retraite des astronautes en cas de danger

Module de commande

Module de service

Étage contenant le véhicule lunaire

Case à équipements

Réservoir de carburant

Moteur du 3e étage

Réservoir de carburant

Moteur du 2e étage

Premier étage : partie de la fusée la plus près au sol lors du décollage

Poussée

Gravité

Pourquoi la fusée décolle-t-elle ?

La plupart des fusées utilisent un carburant et un comburant, une substance permettant la combustion du carburant. Mélangés, ils génèrent une flamme forte et régulière dirigée vers le bas qui pousse la fusée vers le haut. Des attaches maintiennent la fusée jusqu'à la pleine puissance pour éviter qu'elle ne se renverse. Au signal «Décollage», la fusée se détache et prend son envol. Bon voyage !

Lors de leur retour sur Terre, les astronautes de la mission Apollo atterrirent dans l'océan Pacifique, où la marine américaine les récupéra.

Quand fut fabriquée la première fusée à carburant liquide ?

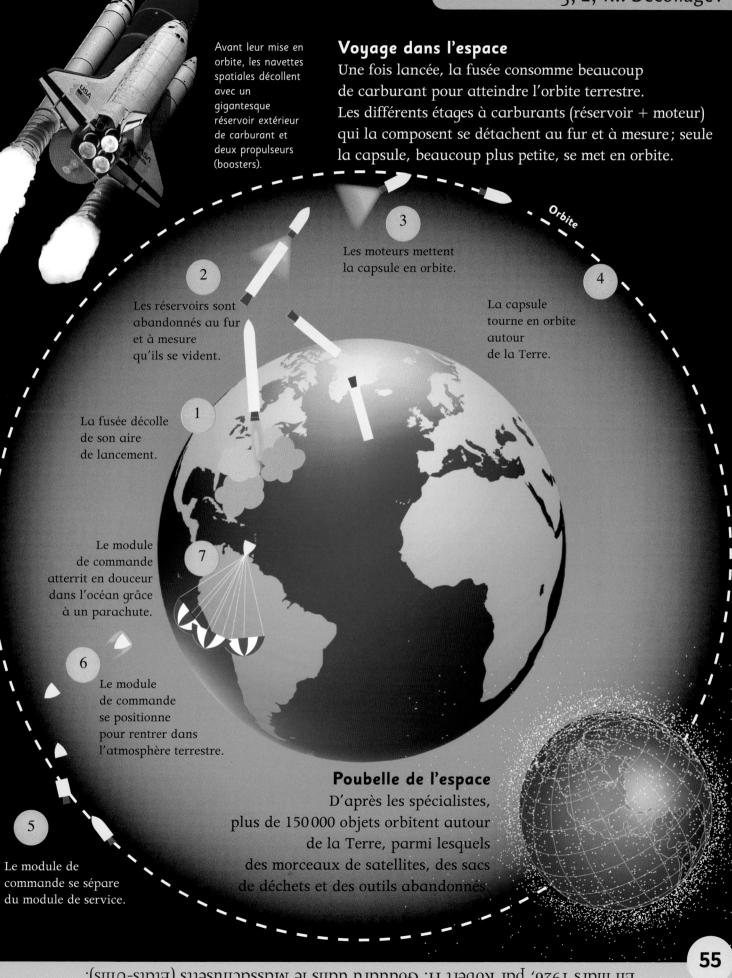

Voyage dans l'espace

Une fois lancée, la fusée consomme beaucoup
de carburant pour atteindre l'orbite terrestre.
Les différents étages à carburants (réservoir + moteur)
qui la composent se détachent au fur et à mesure ; seule
la capsule, beaucoup plus petite, se met en orbite.

Avant leur mise en
orbite, les navettes
spatiales décollent
avec un
gigantesque
réservoir extérieur
de carburant et
deux propulseurs
(boosters).

Orbite

3 Les moteurs mettent
la capsule en orbite.

2 Les réservoirs sont
abandonnés au fur
et à mesure
qu'ils se vident.

4 La capsule
tourne en orbite
autour
de la Terre.

1 La fusée décolle
de son aire
de lancement.

7 Le module
de commande
atterrit en douceur
dans l'océan grâce
à un parachute.

6 Le module
de commande
se positionne
pour rentrer dans
l'atmosphère terrestre.

Poubelle de l'espace

D'après les spécialistes,
plus de 150 000 objets orbitent autour
de la Terre, parmi lesquels
des morceaux de satellites, des sacs
de déchets et des outils abandonnés.

5 Le module de
commande se sépare
du module de service.

En mars 1926, par Robert H. Goddard dans le Massachusetts (États-Unis).

L'énergie, c'est quoi ?

L'énergie est à l'origine de tout. Toute action nécessite de l'énergie. C'est elle qui actionne les muscles, fait avancer les voitures et éclaire les maisons. Sans énergie, il est impossible de faire du vélo, de regarder la télévision ou de prendre l'avion.

Les formes d'énergie

On ne peut pas créer de l'énergie, on peut juste la transformer d'une forme en une autre. Les principales formes d'énergie sont :

La lumière

Elle est visible à l'œil nu. Sur Terre, la plus grande partie de l'énergie provient du Soleil sous forme de lumière.

La chaleur

C'est l'énergie dégagée par la vibration des atomes ou des molécules. Plus un objet est chaud, plus ils vibrent rapidement et violemment.

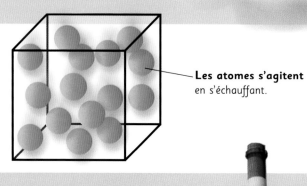

Les atomes s'agitent en s'échauffant.

L'énergie nucléaire

Elle est libérée par les atomes. On l'utilise pour produire de l'électricité dans des centrales nucléaires.

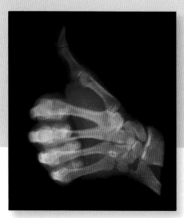

L'énergie électromagnétique

On la trouve dans les rayons X, les ondes radios et les micro-ondes.

Tous les objets sont constitués d'atomes, mais qu'est-ce qu'un atome ?

L'énergie potentielle

C'est l'énergie stockée dans un objet qui est soulevé et retenu en l'air. Le barrage transforme cette énergie en électricité.

L'énergie cinétique

C'est l'énergie d'un objet en mouvement. Elle augmente avec la vitesse de l'objet.

L'énergie électrique

On peut la transférer facilement à l'aide de conducteurs électriques comme les câbles. Elle alimente les appareils qui équipent nos maisons.

Qu'est-ce que c'est ?

Les images ci-dessous sont des détails agrandis de photos figurant dans le chapitre « Un monde d'énergies ». Amuse-toi à les retrouver !

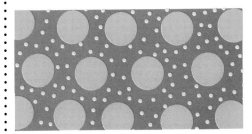

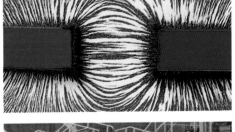

Pour en savoir plus
Centrales électriques, pages **62-63**
Les fluides, pages **44-45**

57

Les atomes sont les composants de base constituant la matière.

La fée électricité

Si un appareil possède un interrupteur,
il fonctionne vraisemblablement à l'électricité.
C'est sous cette forme que nous consommons
la plus grande partie de notre énergie.

Qu'est-ce que l'électricité?

Cette source d'énergie est issue du déplacement
des électrons, les minuscules particules
chargées d'électricité qui s'agitent autour
des atomes. En passant d'un atome
à un autre, les électrons créent de l'électricité.
C'est elle qui peut être canalisée
dans des circuits, dits électriques.

À la loupe

Pour comprendre comment fonctionne
l'électricité, il faut s'intéresser
aux minuscules particules qui
constituent toute chose, les atomes.

Incroyable!

L'électricité se déplace très vite, à 200 000 km/s, soit 2/3 de la vitesse de la lumière, qui est la plus rapide au monde!

Les fiches
des fils
électriques
ont des broches
en métal
qui permettent
la connexion
avec
l'alimentation
électrique
des prises
dans le mur.

Les prises sont sous tension.
Il ne faut jamais mettre
ses doigts ou un objet
(sauf une fiche électrique)
dans la prise, sinon on risque
d'être électrisé ou, pire,
électrocuté.

Les électrons circulent, via
le fil électrique, de la prise
à la lampe.

Les électrons portent une charge électrique.

Atome

Électrons

Sens du courant

L'électricité circule dans les
câbles grâce aux électrons.
Lorsque le câble est mis sous
tension, les électrons se
déplacent en entraînant leur
charge électrique.

Lorsqu'on allume
une lampe,
le courant
électrique parcourt
le fil jusqu'à
l'ampoule
qui s'allume.

Qui fabriqua la première pile?

Circuit simple

Une lampe torche fonctionne avec un circuit électrique simple. Les piles produisent de l'électricité qui parcourt le circuit pour allumer l'ampoule.

Filament

Lorsque l'interrupteur est sur «OFF», le circuit est ouvert, les contacts métalliques ne se touchent pas, et la lampe est éteinte.

Circuit ouvert

OFF

Le circuit doit être ouvert pour que la lampe s'éteigne.

Boîtier en plastique

ON

Interrupteur

Lorsque l'interrupteur passe sur «ON», le circuit se ferme, les contacts métalliques se touchent, et le courant circule jusqu'à l'ampoule, qui s'allume.

OFF

Piles

Contacts métalliques

Ressort métallique

L'électricité fournie par les piles circule dans les fils métalliques.

Électricité

Certains mots reviennent toujours lorsqu'on parle d'électricité.

Conducteur – matériau qui laisse facilement passer l'électricité.

Circuit – chemin qu'emprunte le courant.

Volt – unité de mesure de la tension électrique

Ampère – unité de mesure de l'intensité du courant.

Courant – circulation de l'électricité dans un conducteur.

Pylônes

L'électricité est acheminée depuis les centrales électriques par des câbles de gros diamètre suspendus entre des grands poteaux en métal, les pylônes. Dans ces câbles, l'électricité est à très haute tension, suffisamment élevée pour tuer un adulte si celui-ci est en contact direct ou indirect avec le sol.

Les oiseaux ne forment pas un circuit électrique avec le sol. Ils ne courent donc aucun danger en se posant sur les câbles.

Alessandro Volta, un Italien, réalisa la première pile en 1800.

Pouvoir d'attraction

**Attention
ÉLECTRICITÉ !**

Les aimants créent une force invisible,
le magnétisme, qui attire ou repousse
certains matériaux, comme le fer. L'électricité
et le magnétisme sont étroitement liés.

Dans un champ de force

Le champ magnétique
est la zone autour
d'un aimant où sa force est
perceptible. Plus on s'éloigne
de l'aimant, plus la force
s'affaiblit. C'est aux pôles
qu'elle est la plus forte.

La limaille de fer révèle le champ magnétique autour de l'aimant.

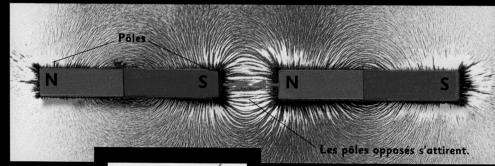

Pôles

Les pôles opposés s'attirent.

Aimant terrestre

La Terre se comporte comme un
gigantesque aimant avec un pôle nord
et un pôle sud magnétique. Ils ne sont pas
au même endroit que les pôles
géographiques, mais très proches.
Leur emplacement a changé plusieurs fois
depuis la naissance de la Terre.

Les pôles semblables
se repoussent.

Les deux endroits d'un aimant où le champ
magnétique est le plus fort sont ses pôles.
Chaque aimant a un pôle nord et un pôle
sud, qui peuvent attirer ou repousser
d'autres aimants. Les pôles identiques
se repoussent et les opposés s'attirent.

Super aimants

Les aimants très puissants
peuvent être naturels
ou des électroaimants.

Le train Maglev utilise
un électroaimant.

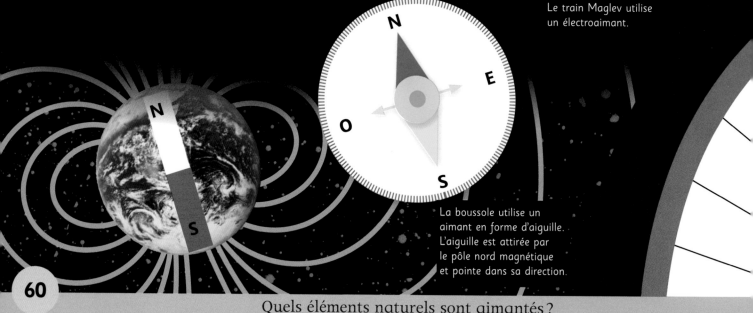

La boussole utilise un
aimant en forme d'aiguille.
L'aiguille est attirée par
le pôle nord magnétique
et pointe dans sa direction.

Quels éléments naturels sont aimantés ?

Électroaimants

L'aimant peut produire de l'électricité : on peut créer un courant électrique dans une bobine de fil. À l'inverse, l'électricité peut générer un champ magnétique : une barre de fer enveloppée de fil électrique s'aimante. Les générateurs électromagnétiques sont utilisés dans les centrales pour produire de l'électricité.

Quelques aimants

Les aimants sont présents dans la vie de tous les jours :

Les haut-parleurs utilisent des électroaimants pour transmettre les vibrations du son.

Les cartes de crédit contiennent une piste magnétique qui conserve les informations de leur utilisateur.

Certains sacs à main ont un fermoir aimanté.

Le verrouillage centralisé d'une voiture se fait par des électroaimants.

La roue doit tourner sans arrêt pour que l'ampoule reste allumée.

Simple comme une dynamo

La dynamo d'un vélo constitue un exemple simple de générateur électromagnétique. La rotation de la roue fait rouler une petite molette reliée à un aimant. En tournant, ce dernier produit un champ magnétique suffisamment puissant pour générer l'électricité qui alimentera, via la bobine de fil, l'éclairage du vélo.

Le courant électrique circule dans le fil jusqu'à l'ampoule.

Rotation de la roue

La dynamo tourne avec la rotation de la roue.

L'aimant tourne.

Noyau de fer

Une bobine de fil entoure le noyau.

Sortie de l'électricité

Le fil isolé (non dénudé) empêche le courant de sauter d'une boucle à l'autre et le force à circuler autour du noyau.

Incroyable !

La magnétite est un aimant naturel probablement créé par la foudre lors des orages. Thalès de Milet remarqua ses propriétés en 500 av. J.-C. car les clous en fer de ses sandales y adhéraient.

Le fer (Fe), le nickel (Ni) et le cobalt (Co) sont tous aimantés.

Centrales électriques

Il existe deux sortes de sources d'énergie : renouvelables ou non. Les sources d'énergie non renouvelables sont issues du sol de la Terre et finiront par s'épuiser, tandis que les sources d'énergie renouvelables proviennent de sources inépuisables comme le vent ou le soleil.

À Shanghai (Chine), de grandes quantités de charbon circulent sur des tapis roulants comme celui-ci.

Brûler, brûler, brûler...

La plupart des centrales électriques utilisent des sources d'énergie non renouvelables comme le charbon, le pétrole ou le gaz naturel. Ces sources d'énergie sont dites « fossiles » car elles sont issues de la fossilisation (transformation en roche) de plancton ou de végétaux morts il y a des millions d'années. Leur combustion libère de la chaleur.

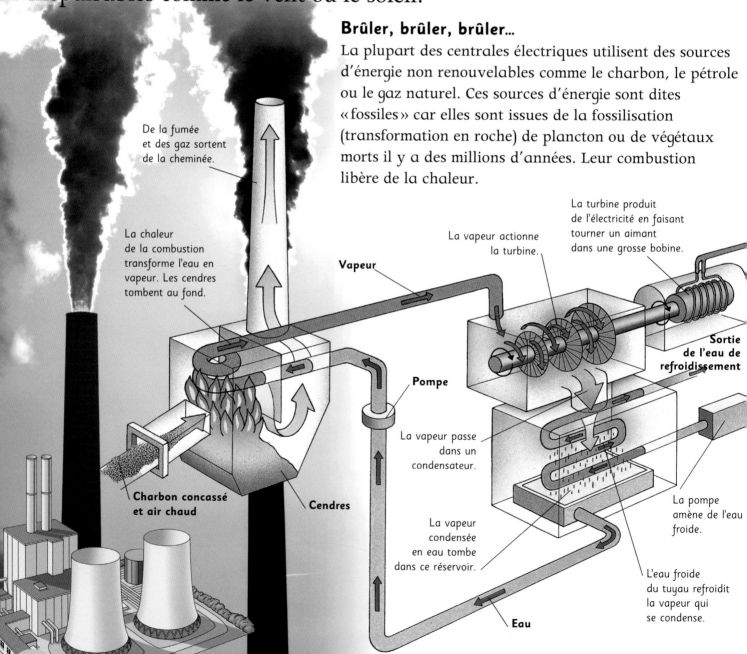

De la fumée et des gaz sortent de la cheminée.

La chaleur de la combustion transforme l'eau en vapeur. Les cendres tombent au fond.

La turbine produit de l'électricité en faisant tourner un aimant dans une grosse bobine.

La vapeur actionne la turbine.

Vapeur

Sortie de l'eau de refroidissement

Pompe

La vapeur passe dans un condensateur.

Charbon concassé et air chaud

Cendres

La pompe amène de l'eau froide.

La vapeur condensée en eau tombe dans ce réservoir.

L'eau froide du tuyau refroidit la vapeur qui se condense.

Eau

Quelle distance parcourt l'électricité avant d'atteindre les habitations ?

Puissance dangereuse

Les centrales nucléaires obtiennent de l'électricité en cassant des atomes d'uranium. La chaleur dégagée alimente les générateurs qui produisent l'électricité. Le nucléaire n'est pas une énergie renouvelable car les gisements d'uranium sont limités.
Les déchets sont radioactifs; ils peuvent attaquer les cellules des êtres vivants et causer des maladies comme les cancers.

Le 26 avril 1986 à 1h23, le réacteur n° 4 de la centrale ukrainienne de Tchernobyl explosa. Plus de 20 ans après, un inspecteur vérifie l'intérieur (à gauche).

Pour en savoir plus
Énergies renouvelables,
pages **66-67**

Le transformateur augmente le voltage (la tension électrique).

Les câbles tendus entre les pylônes transportent du courant haute tension.

Les pylônes à treillis sont de gigantesques tours d'acier. Leurs sommets sont reliés par des câbles supplémentaires qui font office de paratonnerre.

À la queue leu leu!

Dans le monde entier, des processions de pylônes traversent le paysage. Ils portent les câbles haute tension qui amènent l'électricité depuis les centrales jusqu'aux maisons et bureaux.

Les postes électriques réduisent la tension et répartissent l'électricité.

Réseau local

Câbles enfouis

L'électricité est amenée par câble jusqu'aux prises de courant de la maison, où se branchent les appareils.

Énergie verte

Les sources d'énergie renouvelables sont inépuisables. Leur utilisation est bien plus respectueuse de l'environnement que celle des sources d'énergie fossiles.

 L'énergie solaire provient du soleil. En théorie, elle suffirait à notre consommation.

 L'hydroélectricité est produite par les chutes d'eau provenant d'un barrage ou d'une cascade.

 L'énergie éolienne provient du vent, qui fait tourner les éoliennes.

 L'énergie des vagues provient de la force des vagues.

 Les biocarburants sont issus de plantes (colza par exemple), donc renouvelables.

 L'énergie géothermique provient de la chaleur du centre de la Terre.

Elle peut parcourir jusqu'à 480 km pour arriver chez toi.

Les ressources du sol

L'essentiel de l'énergie consommée provient de la combustion de ressources fossiles, dont les gisements s'épuisent peu à peu. Pour éviter la « panne sèche », il faut d'urgence trouver les moyens d'économiser l'énergie et réfléchir à d'autres sources.

Turbines d'une centrale thermique au charbon, sans leur enveloppe métallique.

À toute vapeur

L'électricité issue du charbon est relativement bon marché. Un pulvérisateur réduit le charbon en poudre. Le charbon est ensuite brûlé dans une chambre de combustion, qui chauffe une chaudière afin de produire de la vapeur. La pression de cette dernière entraîne les turbines des générateurs qui produisent l'électricité.

Comment économiser l'énergie ?

Faire pousser ses propres fruits et légumes. Acheter des aliments locaux et de saison.

Ne pas gaspiller la chaleur. Cela signifie, entre autres, bien isoler la maison.

Économiser l'essence. Se déplacer à pied plutôt qu'en voiture.

Éteindre la télé et l'ordinateur. Ne jamais les laisser en veille !

Éteindre la lumière quand on quitte une pièce et utiliser des ampoules basse consommation.

Sécher le linge à l'air libre et non au sèche-linge.

Recycler et réutiliser le verre, le plastique et le papier.

Pétrole et essence

Pour trouver du pétrole, il faut creuser le sol ou le fond marin. Aujourd'hui, le pétrole représente 38 % de notre consommation énergétique, sous forme de fioul ou d'essence. Selon les experts, les réserves s'épuiseront dans 40 ans environ.

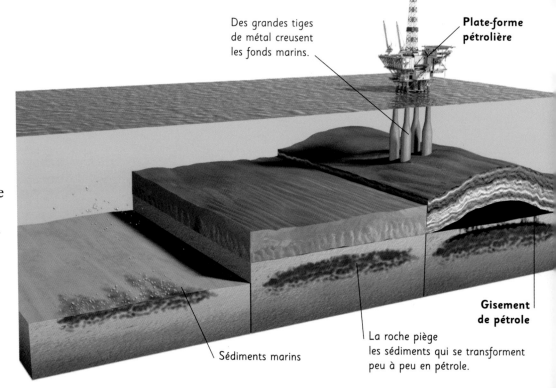

Des grandes tiges de métal creusent les fonds marins.

Plate-forme pétrolière

Gisement de pétrole

La roche piège les sédiments qui se transforment peu à peu en pétrole.

Sédiments marins

Quelle quantité de pétrole la plus grande plate-forme peut-elle stocker ?

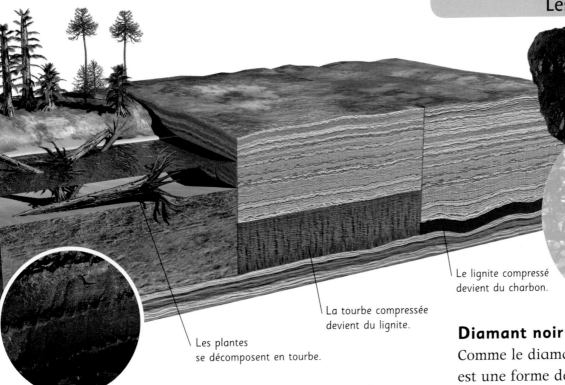

Le lignite compressé devient du charbon.

La tourbe compressée devient du lignite.

Les plantes se décomposent en tourbe.

La tourbe est le premier stade de formation du charbon.

Diamant noir

Comme le diamant, le charbon est une forme de carbone. Extrait de mines souterraines ou à ciel ouvert, il représente un quart de la consommation énergétique mondiale. Si l'extraction se poursuit au rythme actuel, les réserves de charbon dureront encore 250 ans.

Le gaz naturel

Le gaz naturel est aussi une source d'énergie fossile. On le trouve dans les couches de houille, les tourbières ou encore les marais. L'Iran et le Qatar détiennent les principaux gisements, mais la Russie est le premier producteur mondial. Le gaz, qui fournit actuellement 23 % de notre énergie, devrait s'épuiser dans 100 ans.

Bon à savoir
Le gaz naturel est transparent et inodore. Il est facile à amener jusqu'aux maisons. Sa combustion dégageant beaucoup de chaleur, il est idéal pour la cuisine, le chauffage ou la climatisation. Comme il pollue un peu moins que d'autres sources d'énergie fossiles, il est considéré comme plus écologique.

La plate-forme Hibernia, dans l'océan Atlantique, peut stocker 1,3 million de barils de pétrole brut.

Énergies renouvelables

Les réserves d'énergie fossiles finiront par s'épuiser, mais d'autres sources sont renouvelables, donc utilisables à l'infini.

Pour en savoir plus
L'efficacité énergétique
pages 72-73

Anémomètre

Arbre lent

Boîte électronique de contrôle

Boîte de vitesse

Le vent fait tourner les pales.

Générateur (électrique)

Frein

Arbre rapide

Pale

100 personnes pourraient tenir sur une pale.

Les fermes éoliennes rassemblent un grand nombre d'éoliennes sur terre ou en mer.

L'électricité est amenée par câbles jusqu'aux maisons.

Les postes électriques répartissent l'électricité dans différentes directions.

Réseau local

Les câbles transportent le courant à haute tension.

Le transformateur injecte le courant électrique dans le réseau électrique.

L'éolien

Les éoliennes utilisent le déplacement des masses d'air pour faire tourner les pales, sortes de gigantesques ailes de moulin perchées sur un mât. Un générateur convertit cette énergie en électricité, qui sera ensuite distribuée par câbles souterrains.

La vitesse du vent augmente avec l'altitude. Plus le mât est grand, plus la quantité d'électricité produite est importante.

L'électricité est conduite vers un poste de transformation.

Sous-sol

De quand date la première centrale géothermique ?

L'hydroélectricité

Environ 20 % de l'électricité mondiale est produite par des centrales hydroélectriques. On construit généralement un barrage sur un cours d'eau. L'eau retenue, qui forme un lac appelé «réservoir», s'écoule à un rythme contrôlé et actionne une turbine qui alimente un générateur.

Le déversoir d'un barrage permet de contrôler le débit de l'eau.

Un tuyau amène l'eau du réservoir à la turbine.

Générateur (d'électricité)

Turbine

L'énergie solaire

De gigantesques panneaux en verre sont placés sur le toit des bâtiments pour convertir l'énergie des rayons du soleil en électricité. Plus la lumière est forte, plus ils produisent d'électricité.

Lorsque les rayons solaires atteignent une cellule photovoltaïque, les électrons s'activent sous l'effet de la chaleur et passent d'une couche à l'autre, ce qui crée un courant électrique.

Panneau solaire

Cellule photovoltaïque

Dans cette couche, les cellules sont en silicium. Comme cet élément ne «conduit» pas bien l'électricité, on lui rajoute du phosphore, ce qui crée un excès d'électrons.

Dans l'autre couche, le silicium dopé au bore présente des «trous» vers lesquels les électrons en excès de la première couche se déplacent.

La géothermie

Il fait chaud dans l'écorce terrestre! Certaines roches peuvent atteindre 1 000 °C. La géothermie utilise la chaleur de ces roches pour produire de l'électricité ou chauffer de l'eau.

L'Islande est l'une des principales régions géothermiques du monde. Les gens se baignent à côté de cette centrale géothermique car l'eau y est chaude.

Biocarburants

Les biocarburants sont produits à partir de plantes à croissance rapide: maïs, canne à sucre ou palme. Le danger serait que ces cultures se fassent au détriment des plantations alimentaires.

Elle fut construite en 1904 à Ladarello, en Italie.

Dans la cuisine

La cuisinière est probablement l'appareil le plus important de la cuisine. Sans elle, impossible de cuire les aliments.

La chaleur est une forme d'énergie générée par l'agitation des atomes et des molécules. Plus ils s'agitent, plus la température est élevée.

Le four

Le four électrique renferme de grandes bobines de fil, les résistances, qui se mettent à chauffer lorsqu'elles sont traversées par un courant électrique. Un thermostat contrôle les résistances pour maintenir une température constante.

Sur les plaques, la résistance est en contact direct avec la casserole, qui communique la chaleur à la nourriture.

Bouton de thermostat.

Les résistances du gril sont très chaudes, si bien que la cuisson est très rapide si on place les aliments juste dessous.

Dans les fours dits «à chaleur tournante», un ventilateur fait circuler l'air pour maintenir une température homogène. La cuisson y est plus rapide.

Dans le four, la chaleur enveloppe la nourriture. L'air chaud ayant tendance à monter, il fait un peu plus chaud dans la partie supérieure. Lorsque la température est trop élevée, le thermostat éteint les résistances. Il les rallume lorsqu'elle baisse.

Peut-on cuire de la glace au four sans la faire fondre ?

Les effets de la chaleur sur les aliments

La chaleur modifie la consistance des aliments, mais tous ne réagissent pas de la même façon. Cuisiner est une délicieuse façon de faire des expériences chimiques.

L'œuf

Le blanc et le jaune sont formés de fines chaînes de protéines flottant dans l'eau.

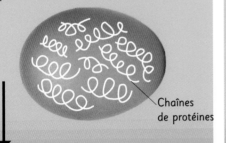

Chaînes de protéines

Chaque chaîne est entortillée sur elle-même. Sous l'effet de la chaleur, elle se déroule et commence à se lier aux autres.

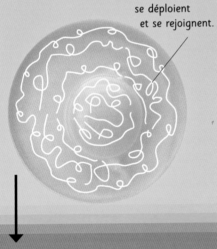

Les chaînes se déploient et se rejoignent.

Les chaînes forment un maillage qui piège l'eau. L'œuf est cuit.

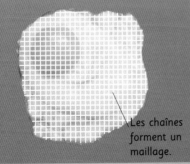

Les chaînes forment un maillage.

Le pain

Les ingrédients du pain sont la farine, la levure et l'eau. Une fois mélangée à l'eau, la farine libère du gluten, une matière élastique.

La levure, un champignon (vivant), s'active sous l'effet de l'eau tiède. Lorsque le mélange repose au chaud, elle consomme les sucres de la farine, ce qui libère du dioxyde de carbone, une forme de gaz.

Bulles de gaz

Le gluten élastique se gonfle de milliers de bulles de gaz, ce qui fait lever le pain. La cuisson emprisonne les bulles dans le pain.

Les bonbons

De nombreux bonbons sont un simple mélange de sucre et d'eau porté à ébullition.

Lorsque l'eau bout, elle s'évapore, si bien que le mélange final est très concentré en sucre.

L'eau s'évapore en bouillant.

Pour faire des bonbons, il faut mélanger le tout jusqu'à obtenir des cristaux, sinon cela reste du caramel dur.

Oui, si on fait une omelette norvégienne (glace enveloppée de meringue).

Dans le réfrigérateur

Le réfrigérateur conserve les aliments et les boissons au frais. C'est l'électricité qui rend cela possible.

7 °C et au-delà

Certains aliments n'ont pas besoin d'être réfrigérés pour se conserver.

Température ambiante

Les légumes secs et les pâtes se conservent bien à température ambiante (celle de la pièce). Les tubercules comme les pommes de terre n'ont pas besoin non plus d'être réfrigérés, mais ils se conservent mieux au frais.

0 - 7 °C

Sors le fromage à l'avance, il sera meilleur.

Réfrigérateur

Dans un réfrigérateur, la température est suffisamment basse pour ralentir la multiplication des bactéries dans les aliments, qui restent ainsi comestibles plus longtemps. Les produits laitiers, la viande et le poisson doivent y être conservés.

0 °C et en dessous

Certains desserts et confiseries se mangent glacés.

Congélateur

Il fait si froid dans le congélateur que ça gèle ! Les bactéries ne pouvant se multiplier à ces températures, les aliments peuvent se conserver pendant des mois. Il faut les décongeler ou les cuire avant de les manger.

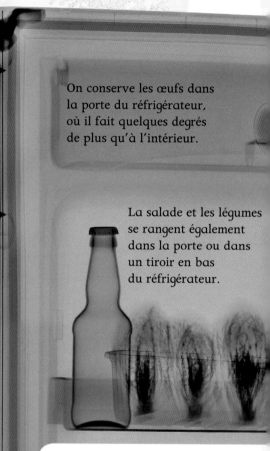

On conserve les œufs dans la porte du réfrigérateur, où il fait quelques degrés de plus qu'à l'intérieur.

La salade et les légumes se rangent également dans la porte ou dans un tiroir en bas du réfrigérateur.

Circuit de refroidissement

Un long tube parcourt les parois du frigo. Il contient un gaz réfrigérant, le tétrafluoroéthane, qui absorbe la chaleur du frigo. Cette chaleur est amenée dans un compresseur puis évacuée par l'arrière, c'est pourquoi la façade arrière est chaude au toucher.

Circulation du gaz réfrigérant dans le réfrigérate[ur]

À quelle vitesse les bactéries se multiplient-elles à température ambiante ?

Thermostat

Gaz
réfrigérant
réchauffé

Compresseur

Compresseur

Composants
électroniques
de commande

En 4 heures, une seule bactérie peut produire plus de 1 000 bactéries !

L'efficacité énergétique

Toutes les maisons ont besoin d'énergie pour le chauffage, l'éclairage, la cuisine, etc. Ne pas gaspiller cette énergie est important : non seulement parce que nous la payons, mais aussi parce que les ressources énergétiques s'épuisent.

La maison écologique

Les maisons dites « durables » respectent l'environnement. De nombreux équipements et matériaux permettent d'économiser l'eau et l'énergie. Elles émettent moins de dioxyde de carbone et coûtent moins cher à habiter.

Le capteur de vent dirige l'air vers l'intérieur de la maison pour la ventiler. Les plaques en aluminium reflètent la lumière vers les pièces supérieures.

La fenêtre triple vitrage est composée de trois plaques de verre isolées par des couches d'air. L'air empêche la chaleur de s'échapper, ce qui permet d'économiser le chauffage.

Le toit est recouvert de panneaux solaires qui alimentent la maison en électricité.

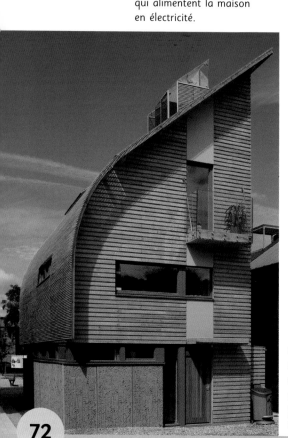

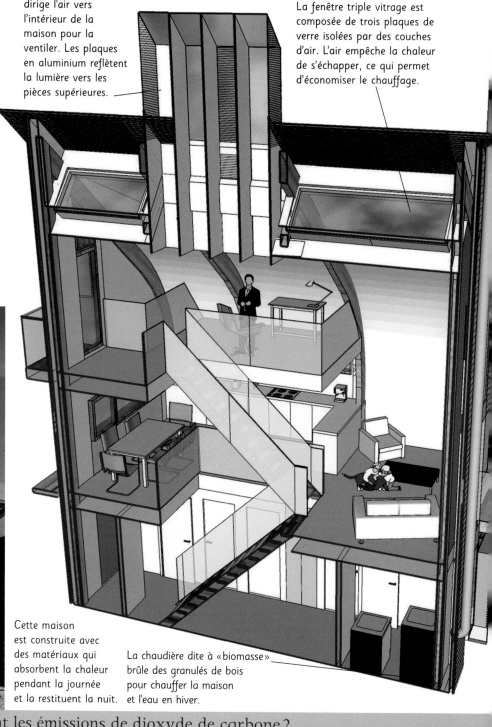

Cette maison est construite avec des matériaux qui absorbent la chaleur pendant la journée et la restituent la nuit.

La chaudière dite à « biomasse » brûle des granulés de bois pour chauffer la maison et l'eau en hiver.

Que sont les émissions de dioxyde de carbone ?

À la maison

Chacun peut contribuer à rendre
sa maison moins gourmande
en énergie. Le chauffage consomme
souvent beaucoup trop d'énergie.
Pour y remédier, il faut isoler
la maison : le grenier, mais aussi
les murs, les planchers, le tour
des portes et les fenêtres…

Isolation d'un grenier

Ci-contre, les zones
chaudes sont
en blanc et jaune,
et les zones froides
en bleu. Les parties
les plus chaudes
de la maison sont
les fenêtres à cause
de la chaleur
qui s'en échappe.

Une gouttière collecte l'eau
de pluie qu'un tuyau amène
jusqu'à une citerne de
récupération. Cette eau
permet de laver le linge.

Pour en savoir plus

Les ressources du sol,
pages **64-65**
Énergies renouvelables,
pages **66-67**

Que faire des vieux objets?

Même si l'on veille à ne pas gaspiller, il faut parfois
remplacer les appareils électriques en fin de vie.
Certains sont trop dangereux pour être mis
à la poubelle, tels les vieux réfrigérateurs q
ui contiennent des gaz réfrigérants très toxiques.
Le mieux est de demander leur enlèvement auprès
de la mairie ou d'un spécialiste.

Il faut démonter
avec précaution
les réfrigérateurs
hors d'usage
pour éviter
la fuite de gaz
nocifs.

Les piles

À la maison, les piles alimentent
toutes sortes d'appareils,
mais elles finissent par se vider.
Comment s'en débarrasser?

Remplacer les piles usagées
tout de suite. Elles contiennent
des produits chimiques qui
risquent de fuir et d'abîmer
l'appareil.

**Ne jamais jeter les piles
à la poubelle.** Les recycler,
c'est plus écologique.

Ne jamais jeter une pile
au feu, elle pourrait
exploser.

Seconde vie

Tu as un nouvel ordinateur ou
téléphone portable, mais l'ancien
fonctionne encore? Fais-en don
à une association caritative.
Sur Internet, tu trouveras
des associations ou des écoles
qui donneront une seconde vie
à ton appareil.

Des gaz contenant du carbone, émis dans l'air et contribuant au réchauffement climatique.

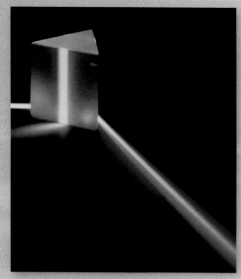

Le prisme de verre sépare la lumière par couleur.

Voir et entendre

Presque tout ce que nous apprenons du monde vient de la vue et de l'ouïe. Nous voyons grâce à la lumière et entendons grâce au son. La lumière et le son se déplacent sous forme d'ondes.

Les atomes du Soleil émettent beaucoup de lumière.

Les couleurs de la lumière

La lumière voyage toujours en ligne droite mais elle peut changer de direction. Si elle traverse un prisme (généralement un triangle en trois dimensions), elle rebondit sur ses faces et dévie sa route. Les couleurs de la lumière ne dévient pas toutes de la même façon, ce qui fait qu'elles se séparent et deviennent visibles.

Qu'est-ce que la lumière?

La lumière est une forme d'énergie appelée «rayonnement électromagnétique»: «rayonnement» car elle a une source; «électromagnétique» car elle se compose d'énergie électrique et magnétique. Les atomes, les minuscules particules qui composent toute chose, en sont la source. Ils peuvent se débarrasser de leur trop-plein d'énergie sous forme de particules de lumière.

La vitesse de la lumière

La lumière se déplace en ondes, un peu comme les vagues dans l'eau. Elle va plus vite que n'importe quoi d'autre dans l'Univers. Dans le vide elle se déplace à l'incroyable vitesse de 300 000 km par seconde! La lumière émise par le Soleil met seulement 8 minutes à atteindre la Terre.

La lumière ne se propage pas toujours sous forme d'onde continue. Comme il s'agit de groupes de particules, sa propagation ressemble parfois plus à un jet d'eau qu'à une vague.

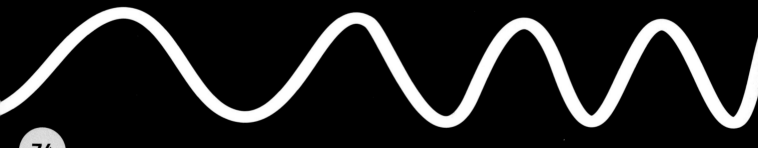

Qu'est-ce que la réfraction?

Le secret du son

Lorsqu'un objet vibre, il étire et compresse l'air alentour, formant les ondes que nous entendons.

L'écholocation

Certains animaux utilisent le son pour s'orienter : on parle d'« écholocation ». La chauve-souris pousse des cris suraigus, les ultrasons, qui rebondissent sur tout ce qu'ils rencontrent. Si le retour du son, l'écho, est rapide, il y a quelque chose à proximité.

Les cymbales produisent de grandes ondes, donc un son fort !

La vitesse du son

Le son se déplace moins vite que la lumière. Sa vitesse, comme celle de la lumière, dépend du milieu dans lequel circulent les ondes. Dans l'air, le son voyage à raison de 343 mètres par seconde, mais il va quatre fois moins vite dans l'eau.

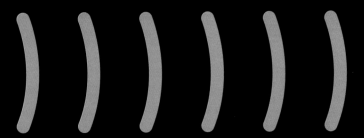

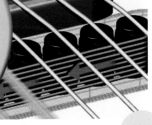

Qu'est-ce que c'est ?

Les images ci-dessous sont des détails agrandis de photos figurant dans le chapitre « Son et lumière ». Amuse-toi à les retrouver !

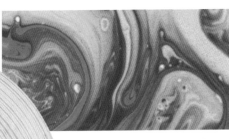

Pour en savoir plus
Lumière visible, pages **76-77**
L'ouïe, pages **90-91**

Le changement de direction des ondes lumineuses, dans un prisme par exemple.

Lumière visible...

Les ondes électromagnétiques sont chacune de longueur différente mais elles se déplacent toutes à la même vitesse. Celles qui sont trop longues ou trop courtes sont invisibles. Celles que nous voyons constituent le «spectre visible».

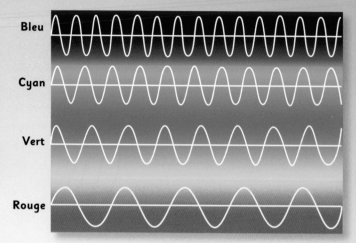

Bleu
Cyan
Vert
Rouge

... ou invisible

Nos yeux ne voient que certaines longueurs d'ondes électromagnétiques, ni trop longues, ni trop courtes. Au quotidien, nombre d'ondes électromagnétiques nous entourent sans que nous puissions les voir.

Lumière multicolore

La lumière visible se compose d'ondes de différentes longueurs, chacune ayant une couleur propre. Par exemple, la longueur d'onde correspondant au rouge est plus longue que celle du bleu. L'éventail des couleurs est infini. La seule limite est la capacité de l'œil et du cerveau à distinguer une longueur d'onde d'une autre.

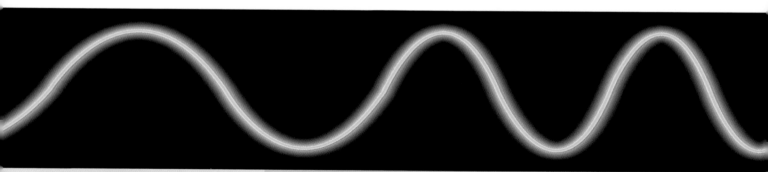

Les ondes radio

Elles transportent le son et l'image dans l'air. La radio, la télévision et le téléphone utilisent les ondes radio. Une onde radio peut mesurer des centaines de kilomètres.

Les micro-ondes

Elles échauffent les molécules des aliments et des liquides mais pas le verre et le plastique qu'elles traversent. Lorsqu'on fait chauffer un bol de soupe au four à micro-ondes, les ondes ne chauffent pas le bol mais la soupe à l'intérieur.

Les ondes infrarouges

Elles transportent la chaleur. On peut les voir avec des lunettes de vision nocturne ou des caméras spéciales, conçues pour enregistrer la chaleur plutôt que la lumière. On sent le rayonnement infrarouge lorsqu'on est à côté d'un objet chaud.

Qu'est-ce que la lumière blanche?

Spectre visible

Prismes et arc-en-ciel

La lumière est dite «réfractée», c'est-à-dire déviée, lorsqu'elle passe à travers un prisme. L'angle de réfraction étant différent pour chaque couleur, celles-ci se séparent et forment un arc-en-ciel.

Le diamant est le meilleur prisme possible. Il possède tant de surfaces différentes que la lumière rebondit à l'intérieur en un festival de couleurs.

La magie de l'arc-en-ciel

Lorsqu'il pleut ou qu'il y a du brouillard, les gouttelettes d'eau forment des centaines de prismes qui décomposent la lumière du soleil. Chaque goutte d'eau, selon sa position, permet à l'œil de voir une couleur spécifique. Ce sont ces couleurs qui forment les bandes de l'arc-en-ciel.

Visible	Les ultraviolets (UV)	Les rayons X	Les rayons gamma

  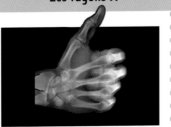 

Nous voyons les objets car les ondes visibles rebondissent dessus. Les ondes lumineuses viennent du Soleil ou des ampoules.

Les rayons UV viennent directement du Soleil. Ils peuvent brûler la peau et, à long terme, être à l'origine de cancers. C'est pourquoi il faut se protéger du soleil l'été et s'enduire de crème protectrice pour bloquer les rayons nocifs.

Ils traversent les parties molles du corps mais sont bloqués par les parties dures comme les os, les dents ou le métal. Les médecins font des radios aux rayons X pour déceler les fractures.

Les rayons gamma peuvent traverser les parties dures et tuer des cellules. Les médecins les utilisent pour détruire les cellules cancéreuses. L'explosion d'une bombe atomique dégage un rayonnement gamma.

Ce sont toutes les couleurs du spectre visible ensemble.

Bulles de lumière

Lorsque la lumière frappe la surface
d'une bulle, elle reflète à la fois l'extérieur
ET l'intérieur de la surface, produisant
l'effet d'un tourbillon de couleurs.

Bulles multicolores

Les couleurs de la bulle (violet, bleu, jaune)
sont différentes de celles de l'arc-en-ciel (vert, bleu,
rouge). La raison est que l'arc-en-ciel décompose
la lumière tandis que la bulle absorbe certaines
couleurs de la lumière. Si le rouge est absorbé,
seuls le bleu et le vert sont visibles.

Bulles à la surface d'une solution d'eau savonneuse

Fabrique ton propre mélange
à bulles : une demi-tasse de liquide
vaisselle, quatre tasses d'eau
et quatre cuillerées
à soupe de glycérine.

Secret de couleurs

Les couleurs de la bulle indiquent
son épaisseur. Les zones bleues sont les parties
les plus épaisses et les noires les plus fines.
La bulle devient noire lorsqu'elle est sur
le point d'exploser.

Que se passe-t-il si on fait des bulles de savon lorsqu'il gèle ?

Planètes miniatures

Les dessins à la surface d'une bulle évoquent les nuages autour d'une planète. Tous deux sont enveloppés d'un fluide, une couche très mince qui circule librement. Pour les scientifiques, la bulle est un modèle de planète et permet d'étudier la naissance des cyclones et des ouragans.

Les tourbillons colorés à la surface de la bulle évoquent des cyclones.

Sur la planète Jupiter, un cyclone dure depuis 300 ans.

Jeux de bulles

Les molécules d'eau d'une bulle sont solidement «collées» les unes aux autres et se serrent au maximum. La bulle adopte donc toujours une forme ayant la plus petite surface possible.

Lorsqu'une solution savonneuse est étirée dans un cercle, la plus petite surface possible est un plan.

Lorsque la solution est étirée autour d'une poche d'air, la plus petite surface possible est une sphère.

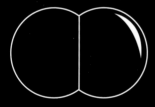

Si deux bulles se rejoignent, elles réduisent leur surface en formant entre elles une cloison commune plate.

Lorsque trois bulles se rencontrent, elles forment trois murs, chacun ayant toujours un angle de 120 degrés.

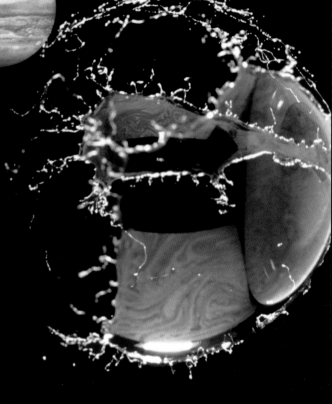

Ploc!

Les bulles de savon éclatent si elles touchent un objet sec (un doigt par exemple) ou si l'eau qu'elles contiennent s'évapore.

L'eau qu'elles contiennent se transforme en glace et la bulle gèle.

Miroir, ɿioɿiM

Pour se voir, on regarde dans un miroir. Les miroirs reflètent jusqu'à 95 % de la lumière, contre seulement 8 % pour un verre ordinaire. Comment est-ce possible ?

Les miroirs de foire sont volontairement irréguliers (creux ou bombés) pour réfléchir des images bizarres.

Miroir convexe

Une question de couches

Lorsque la lumière frappe un miroir, elle est immédiatement renvoyée dans la même direction. Ce phénomène s'appelle la « réflexion ». Les miroirs modernes offrent une réflexion parfaite – un bon reflet – grâce à plusieurs couches de métal et de produits chimiques appliquées derrière le verre. Celles-ci garantissent en outre la solidité et la stabilité du miroir.

Couche d'argent réfléchissante (atomes grossis)

Dos

Verre

Cristaux d'argent grossis

Médaille d'argent

L'argent est l'un des meilleurs matériaux réfléchissants. Comme les cristaux d'argent sont plats, ils forment autant de minuscules miroirs. L'argent poli reflète bien la lumière et donne une image nette, mais il a tendance à se ternir à l'air. Aussi, pour fabriquer un miroir, on applique l'argent directement sur le verre, puis on le recouvre d'une couche de protection.

Concave

Convexe

Miroirs déformants

Les miroirs incurvés, c'est-à-dire non plats, déforment le reflet. Les miroirs *concaves* sont en creux : ils grossissent les objets mais réduisent le champ de vision. Les miroirs *convexes* sont bombés : ils rétrécissent les objets mais élargissent le champ de vision.

À quand remonte l'invention des miroirs recouverts d'argent ?

Miroirs antiques

Il y a des millénaires, l'eau était le seul miroir disponible. Au Moyen Âge, on fabriquait des miroirs en pierre polie, en argent, en bronze ou en cuivre. Ils étaient sombres et se ternissaient, si bien que les images réfléchies étaient tachées.

Incroyable !

Nous ne voyons jamais notre vrai visage, nous ne pouvons en voir qu'un reflet.

Un monde de miroir

Les miroirs sont partout, mais pas toujours visibles !

Le miroir d'éclairage reflétait la lumière des bougies avant l'invention de l'électricité. On en trouvait dans les riches demeures.

Le miroir grossissant a une petite surface creuse. Il sert à se maquiller ou à examiner la peau du visage.

Le miroir dentaire aide le dentiste à examiner les recoins cachés de la bouche. Il est petit et muni d'un manche.

Le rétroviseur est souvent bombé pour élargir le champ de vision. Il permet au conducteur d'un vélo ou d'une voiture de voir derrière lui.

Les phares de voiture sont équipés de miroirs derrière l'ampoule pour amplifier le faisceau lumineux.

Les lunettes de soleil sont parfois des miroirs sans tain. On peut voir au travers mais les gens en face ne voient qu'un miroir.

Le télescope est équipé de miroirs qui concentrent la lumière à l'intérieur.

Miroir

Cache-cache

Le périscope utilise des miroirs pour permettre de voir au-dessus d'un mur. Un tube avec deux miroirs parallèles inclinés à 45° constitue un périscope de base.

Lumière

Miroir

Les spectateurs observent le tournoi de golf avec des petits périscopes.

Utilisation militaire

Des périscopes complexes permettent à l'équipage d'un sous-marin de voir au-dessus de la surface de la mer. Les chars et les tourelles de tir utilisent aussi des périscopes.

81

Le chimiste allemand Justus von Liebig inventa le procédé en 1835.

Les lentilles

Les lentilles réfractent – dévient –
la lumière pour former une image.
L'œil possède une lentille, le cristallin.
Le télescope et le microscope
en possèdent également une pour
permettre de voir des objets
très éloignés ou très petits.

Qu'est-ce qu'une lentille?

La lentille est un dispositif transparent qui laisse
passer la lumière. Elle peut être incurvée
sur une ou deux faces. Les lentilles creusées
vers l'intérieur sont dites «concaves», celles
bombées vers l'extérieur «convexes».

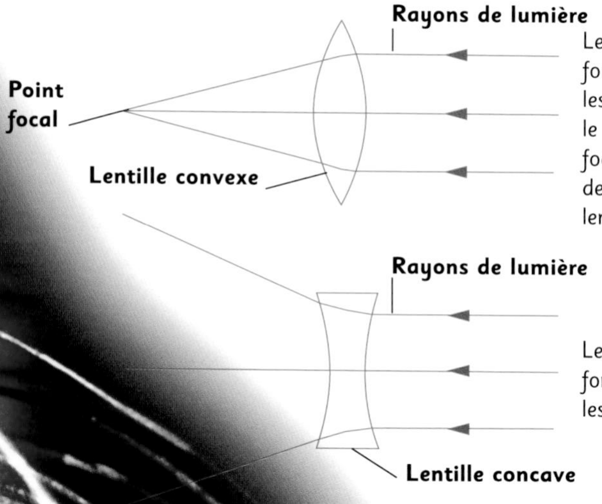

Rayons de lumière

Point focal

Lentille convexe

Les lentilles convexes
font converger
les rayons vers
le foyer, ou point
focal. Le cristallin
de l'œil est une
lentille convexe.

Rayons de lumière

Les lentilles concaves
font diverger
les rayons.

Lentille concave

Quelle est la taille de la plus grosse lentille de télescope?

Comment l'œil fonctionne-t-il?

Les rayons de lumière se déplacent en ligne droite jusqu'au cristallin (la «lentille» de l'œil), qui fait converger la lumière en une image (qui est inversée) sur la rétine, au fond de l'œil. Les cellules de la rétine transforment l'image en signaux électriques. Ceux-ci sont envoyés au cerveau qui rétablit l'image à l'endroit.

Preuve en main

Fabrique une lentille avec de l'eau. Recouvre une page de magazine d'un film plastique et déposes-y une goutte d'eau. Lis le texte à travers la «lentille». Est-il plus gros?

Quelques lentilles...

Les lentilles se trouvent dans toutes sortes d'objets.

La loupe est une simple lentille convexe qui grossit les objets.

Le télescope contient des lentilles qui permettent d'observer des objets très éloignés.

Le microscope grossit les objets trop petits pour être visibles à l'œil nu.

Le vidéoprojecteur grossit les images et les projette sur un écran.

Certains appareils photo sont équipés de plusieurs lentilles.

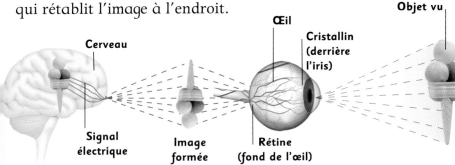

Cerveau — Signal électrique — Image formée — Œil — Cristallin (derrière l'iris) — Rétine (fond de l'œil) — Objet vu

C'est tout vu!

Les myopes voient les objets flous lorsqu'ils sont éloignés, car les rayons de lumière ne convergent pas sur la rétine mais avant. Les hypermétropes voient les objets proches flous: les rayons convergent au-delà de la rétine. Les lunettes ou les lentilles de contact permettent de corriger ce problème.

Myopie

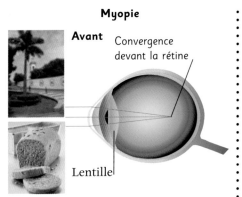

Avant — Convergence devant la rétine — Lentille

Les myopes voient bien de près mais pas de loin. Les lentilles concaves rallongent le chemin parcouru par la lumière dans l'œil.

Après

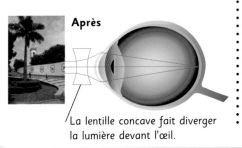

La lentille concave fait diverger la lumière devant l'œil.

Hypermétropie

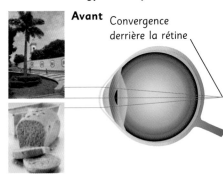

Avant — Convergence derrière la rétine

Les hypermétropes voient bien de loin mais pas de près. Les lentilles convexes raccourcissent le chemin de la lumière.

Après

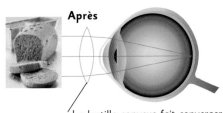

La lentille convexe fait converger la lumière devant l'œil.

À la lumière

La pupille rétrécit à la lumière.

Les muscles de l'iris se contractent.

Dans le noir

La pupille se dilate dans le noir.

Les muscles de l'iris se relâchent.

Réaction instantanée

Les muscles de l'œil modifient la courbure du cristallin pour voir nettement les objets proches ou éloignés. D'autres muscles autour de l'iris contrôlent la quantité de lumière qui entre dans l'œil. Dans l'obscurité, la pupille s'élargit pour laisser entrer plus de lumière.

La lentille du télescope de Yerkes, à Chicago, mesure 1 m de diamètre.

L'éclairage électrique

Pendant des milliers d'années, seuls le feu, les bougies et les lampes à huile ou à pétrole nous éclairaient. Puis nous avons découvert l'électricité, qui nous a permis d'allumer et d'éteindre la lumière à volonté!

Ampoule fluorescente vue aux rayons X

Dans le culot, des fils conduisent l'électricité jusqu'aux électrodes.

Le transformateur amplifie la puissance du courant pour augmenter la luminosité.

Lorsqu'elles sont traversées par le courant, les électrodes libèrent des électrons.

Le tube en verre contient de l'argon et du mercure à l'état gazeux.

Les ampoules classiques

Les ampoules à incandescence, dites «classiques», renferment un petit filament en tungstène, un métal très dur qui ne fond pas, même à très haute température. Lorsque le filament est traversé par le courant électrique, il devient si chaud qu'il brille (il devient incandescent): c'est cette lumière qui nous éclaire.

Les ampoules à basse consommation ne contiennent pas de filament mais deux électrodes qui produisent des décharges électriques libérant des particules minuscules, les électrons. Ces électrons agitent tant le gaz qu'il produit de la lumière. Cette lumière, non visible à l'œil nu, est absorbée par la poudre fluorescente recouvrant la paroi interne du tube en verre, laquelle rend visible la lumière.

Ampoule LED

Les LED sont également utilisées pour les panneaux de signalisation. Elles émettent une lumière très vive aux couleurs variées.

Le courant arrive par ces électrodes.

Petites mais brillantes

De minuscules ampoules, appelées «LED» (diodes électroluminescentes), sont utilisées dans toutes sortes d'appareils électroniques (voyants des chaînes stéréo, ordinateurs, guirlandes lumineuses). L'électricité circule dans un matériau spécial qui émet une lumière d'une couleur bien précise.

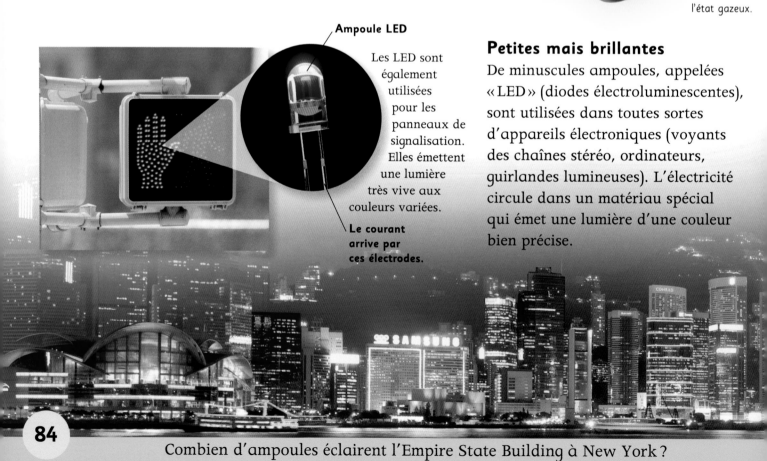

Combien d'ampoules éclairent l'Empire State Building à New York?

Méli-mélo de couleurs

La lumière visible apparaît blanche à l'œil nu mais au travers d'un prisme elle se divise en différentes lumières colorées.

Inversement, on peut obtenir une lumière blanche en mélangeant trois faisceaux de lumières colorées : rouge, verte et bleue. Si on ne combine que deux de ces trois lumières colorées, la lumière obtenue sera rose magenta, jaune ou bleu cyan.

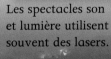
Cyan Magenta

La lumière blanche est la combinaison de toutes les couleurs.

Incroyable !

Chaque centimètre carré de la surface du Soleil émet une lumière équivalant à celle d'une ampoule de 15 000 watts !

Le laser

Le laser est un appareil qui émet un faisceau de lumière très concentré, constitué d'une seule longueur d'onde et pointé dans une seule direction. Le faisceau est si concentré qu'il peut traverser le métal. Le laser a de nombreuses applications : chirurgie, lecteur CD, topographie, industrie…

La chirurgie au laser

En médecine, le laser a de multiples applications. Il permet d'inciser la peau avec précision sans employer de bistouri, de fractionner les calculs rénaux (petits « cailloux » dans les reins) ou d'évider une dent pour y placer un plombage.

Le laser soigne des problèmes de vue comme la myopie.

Les spectacles son et lumière utilisent souvent des lasers.

Exactement 3 194 547.

Feux d'artifice

Boum ! Bang ! Des explosions
de lumière et de bruit emplissent
le ciel : ce sont les feux d'artifice,
des produits chimiques
qui explosent en vol.

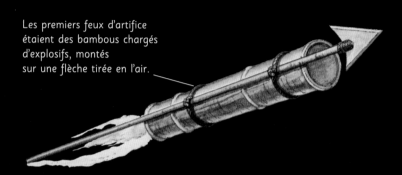

Les premiers feux d'artifice
étaient des bambous chargés
d'explosifs, montés
sur une flèche tirée en l'air.

Les premiers feux d'artifice

On pense que les Chinois inventèrent les feux
d'artifice il y a plus de 2 000 ans. Fabriqués en
bambou, ils étaient utilisés pour les cérémonies
religieuses et les festivités du nouvel an.

Spectacle hi-tech

Les spectacles sont souvent gérés par ordinateur.
L'ordinateur envoie une impulsion électrique
dans les câbles des fusées. Celles-ci décollent
dans l'ordre voulu et explosent lorsqu'elles
sont hautes dans le ciel.

3, 2, 1, décollage !

Après l'allumage de la fusée,
il faut se mettre à l'abri ! La flamme
monte le long de la fusée et enflamme
la poudre qui se trouve à l'intérieur.

6. Explosion !
Les produits chimiques
de la tête explosent,
dégageant lumière,
chaleur et son. Bang !

5. Étoiles
La poudre explosive est mélangée
à des produits chimiques, appelés
« étoiles », qui donnent la couleur
désirée.

4. Poudre explosive
La poudre explosive est située
dans la tête de la fusée.

3. Poudre propulsive
L'enveloppe en carton contient
de la poudre qui propulse
la fusée vers le ciel.

2. Mèche
La mèche s'enflamme assez
lentement pour donner le temps
de se mettre à l'abri.

1. Tube de lancement
Pour les grands spectacles, on utilise
des tubes en métal, qui restent au sol.

Quel motif appelle-t-on un « soleil » ?

Éventail de couleurs

Dans les «étoiles», des sels métalliques sont responsables de la couleur des feux d'artifice.

 Le violet est obtenu avec des sels de strontium et du cuivre.
Sr Cu

 Le rouge provient de sels de lithium.
Li

 La couleur orange est formée par des sels de calcium.
Ca

 Le jaune est issu de composés du sodium.
Na

 Le vert s'obtient avec des composés du baryum.
Ba

 Le bleu provient de composés du cuivre.
Cu

Motifs à volonté

L'explosion d'une fusée peut créer différents motifs dans le ciel. Voici six exemples. Essaie de les identifier au prochain feu d'artifice !

Anneau : un anneau d'étoiles brillantes s'agrandit jusqu'à disparaître.

Palmier : les étoiles montent le long du «tronc» puis s'écartent en «branches».

Chrysanthème : la fusée laisse un long sillage d'étoiles.

Serpent : les étoiles tombent en zigzag.

Poisson : un essaim d'étoiles se disperse en tous sens.

Saule pleureur : la traînée des étoiles retombe presque jusqu'au sol.

Un disque enflammé qui tourne.

Mesurer le son

Tous les sons perçus par l'oreille sont formés d'ondes voyageant dans l'air. On peut enregistrer ces ondes pour voir leur forme. Le son varie avec la forme de l'onde.

Ondes sonores

Les ondes sonores naissent là où elles ont été créées puis se propagent dans toutes les directions. En se déplaçant dans l'air, l'onde compresse puis détend les molécules d'air.

Qu'est-ce que le son ?

Le son est dû à la vibration des ondes qui traversent l'air. Tout objet qui vibre émet un son, comme ce tambour.

La peau du tambour **vibre** lorsqu'on la frappe avec des baguettes.

Le tambour est une source sonore.

La peau du tambour est très tendue.

Ondes sonores

Lorsqu'on tape sur un tambour, la peau vibre verticalement. On la voit même bouger parfois. En vibrant, elle agite l'air environnant et le fait vibrer à son tour.

Preuve en main

Accroche l'extrémité d'un élastique au rebord de la table et étire l'autre bout. Pince l'élastique. Vois-tu les vibrations et entends-tu le bruit ?

Y a-t-il du son dans l'espace ?

Le microphone permet d'enregistrer le son. Il contient une fine plaque de métal qui vibre lorsqu'une onde sonore l'atteint. Le microphone convertit les vibrations en signaux électriques.

Microphone

Les ondes plus plates ont une petite amplitude. Le son est moins fort.

Crête (sommet de l'onde)

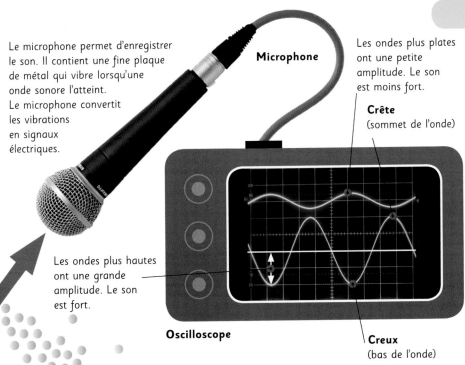

Les ondes plus hautes ont une grande amplitude. Le son est fort.

Oscilloscope

Creux (bas de l'onde)

Voir le son

L'oscilloscope est une machine permettant d'observer les ondes sonores. La hauteur d'une onde s'appelle l'« amplitude ». Les crêtes indiquent le moment où l'air est compressé et les creux, celui où il est dilaté.

Moins vite que la lumière

Les ondes sonores sont moins rapides que la lumière. L'orage permet de le constater : on voit l'éclair, puis on entend le tonnerre quelques secondes plus tard alors qu'il a lieu au même moment.

Éclair pendant un orage

Fréquence et ton

La fréquence d'une onde sonore est le nombre de crêtes par seconde. Les sons à haute fréquence, comme le chant des oiseaux, sont aigus. Ceux à basse fréquence, comme le tonnerre, sont graves.

Les niveaux sonores

Le son se mesure en décibels (dB). En voici quelques exemples :

 Bruissement des feuilles
30 dB

 Musique douce
50 dB

 Parole
60 dB

 Aspirateur
70 dB

 Embouteillage
80 dB

 Pleurs d'un bébé
85 dB

 Marteau-piqueur
125 dB

 Avion à réaction
140 dB

!

85 dB

Les sons au-dessus de 85 dB risquent d'endommager l'ouïe.

Mur du son

Les ondes sonores se déplacent à environ 1 200 km/h dans l'air. Lorsqu'un avion dépasse cette vitesse, il passe le « mur du son », une onde de choc qui génère un bruit très fort.

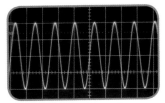

Ondes sonores à haute fréquence

Non, il n'y a pas de son car les ondes sonores ne peuvent pas se déplacer dans le vide.

L'ouïe

Le son se déplace sous forme d'ondes sonores. Lorsqu'elles atteignent l'oreille, des nerfs envoient au cerveau les informations permettant d'identifier le son, tels la voix d'une personne ou l'éclatement d'un ballon.

L'oreille externe contient le conduit auditif.

L'étrier, dans l'oreille moyenne, est le plus petit os du corps humain.

Oreille externe

Les trois oreilles

L'oreille se divise en trois parties. L'oreille externe est la partie visible. Le tympan, qui sépare l'oreille externe de l'oreille moyenne, reproduit les vibrations de l'air et les transmet aux trois petits osselets de l'oreille moyenne. L'oreille interne contient des os, du liquide et des petits cils.

Ondes sonores

Ce tunnel est le conduit auditif.

La partie extérieure de l'oreille aide à «attraper» les ondes sonores. Les drôles de replis de l'oreille permettent de savoir si le son est devant ou derrière soi.

Le casque permet d'entendre un son en bloquant ceux de l'extérieur.

Incroyable!

Certaines personnes deviennent sourdes en vieillissant. Mais écouter de la musique ou rester trop près des haut-parleurs dans les concerts peut endommager l'ouïe pour toujours.

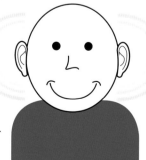

Le son atteint une oreille avant l'autre, ce qui permet au cerveau de savoir de quel côté il provient.

Bonne oreille

Les oreilles sont plutôt intelligentes : elles identifient les sons, peuvent nous dire d'où ils proviennent et s'ils sont loin ou proches.

Pouvons-nous entendre tous les sons ?

De l'oreille au cerveau

Lorsque le son pénètre dans l'oreille, il vibre à l'intérieur. La vibration est transmise par le liquide de l'oreille interne, qui fait vibrer à son tour les petits cils. Les cellules qui portent ces cils transforment la vibration en signal électrique que les nerfs transmettent au cerveau.

Les parois d'une chambre sans écho sont tapissées de pointes en fibre de verre qui absorbent le son.

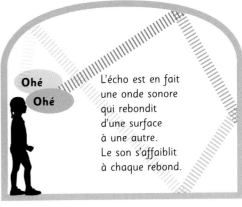

L'écho est en fait une onde sonore qui rebondit d'une surface à une autre. Le son s'affaiblit à chaque rebond.

Ohé
Ohé

L'écho

On entend parfois un même son plusieurs fois de suite et de plus en plus faiblement. Il s'agit d'un écho, qui se produit dans les petits espaces avec des murs en dur, comme un puits, ou entourés de surfaces dures, comme un canyon, une grotte ou une chaîne de montagnes.

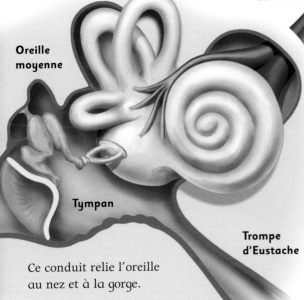

Oreille moyenne

Oreille interne

La cochlée, en forme de coquillage, est un os creux de l'oreille interne. Elle est remplie d'un liquide et capte les vibrations.

Tympan

Trompe d'Eustache

Ce conduit relie l'oreille au nez et à la gorge.

Aide auditive

L'ouïe s'use ou se détériore. Si elle est juste affaiblie, une prothèse auditive amplifie le son. Les implants cochléaires, en revanche, stimulent directement les nerfs de la cochlée. Ils conviennent donc aux personnes sourdes.

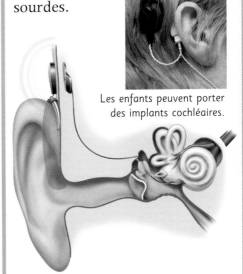

Les enfants peuvent porter des implants cochléaires.

Les murs ont des oreilles

Le son se comporte parfois bizarrement sur une surface dure et courbe. Si quelqu'un chuchote à une extrémité du barrage de Barossa, dans le sud de l'Australie, une personne à l'autre extrémité, soit à plus de 140 m, l'entend très distinctement. En effet, les ondes sonores rebondissent sur la courbure tout le long du mur.

PLUS DE 140 M

Non, les chiens et les chauves-souris entendent des sons à plus haute fréquence, les ultrasons.

La guitare électrique

Lorsqu'on pince les cordes d'une guitare classique, le corps – creux – sert de caisse de résonance et amplifie le son. Le corps d'une guitare électrique est plein, et pourtant cela fait BEAUCOUP DE BRUIT !

Médiator

On peut pincer les cordes avec les doigts ou avec un **médiator**.

Les **frettes** permettent de contrôler la longueur de la corde qui va entrer en résonance.

Les six ou douze **cordes** métalliques sont accordées chacune sur une note.

1 Les cordes

Si on pince les cordes d'une guitare électrique éteinte, elles vibrent mais le son n'est pas plus fort qu'un murmure.

Le **manche** porte la touche et les cordes.

Le **corps** – plein – est constitué d'un seul morceau de bois.

Le **chevalet** possède un **sillet** qui maintient les cordes au-dessus des microphones.

Le **microphone** détecte la vibration des cordes.

L'**amplificateur** augmente les signaux électriques pour produire un son fort.

3 L'amplificateur

Les fils conduisent le signal électrique du microphone vers l'amplificateur. Celui-ci augmente le signal et un haut-parleur intégré émet le son.

2 Le microphone

Le microphone se met en marche lorsqu'on allume la guitare. Il s'agit d'une bobine de fil entourant un aimant, qui baigne dans un champ magnétique. La vibration des cordes modifie le champ magnétique et produit du courant dans la bobine qui l'envoie à l'amplificateur.

Détail d'un microphone

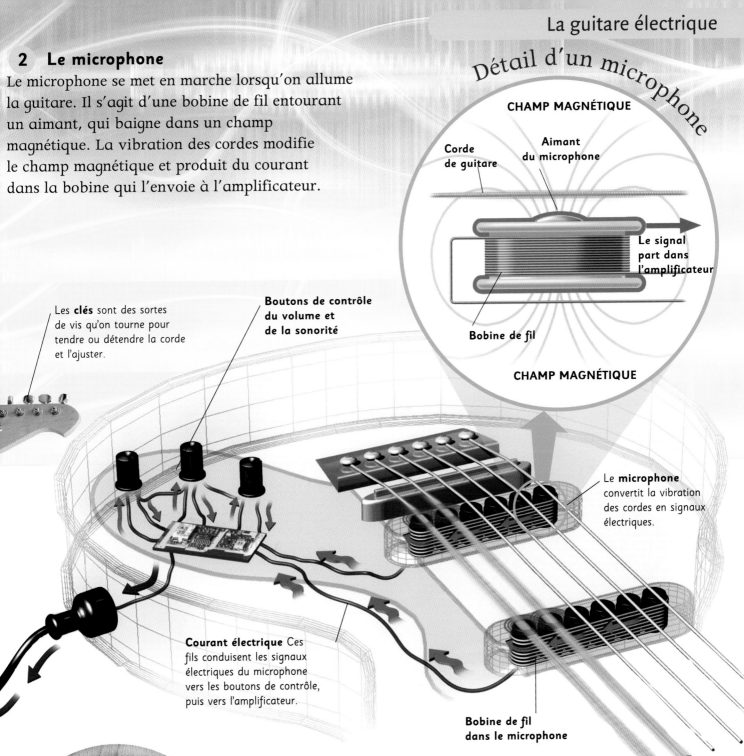

CHAMP MAGNÉTIQUE

Corde de guitare

Aimant du microphone

Le signal part dans l'amplificateur

Bobine de fil

CHAMP MAGNÉTIQUE

Les **clés** sont des sortes de vis qu'on tourne pour tendre ou détendre la corde et l'ajuster.

Boutons de contrôle du volume et de la sonorité

Le **microphone** convertit la vibration des cordes en signaux électriques.

Courant électrique Ces fils conduisent les signaux électriques du microphone vers les boutons de contrôle, puis vers l'amplificateur.

Bobine de fil dans le microphone

Incroyable!

Les musiciens de jazz ont été les premiers à adopter la guitare électrique, car le son de cet instrument était assez fort pour s'entendre par-dessus celui d'un orchestre de cuivres.

Les guitares électriques

Il existe des guitares électriques de toutes les formes et de toutes les tailles, puisque le son n'en dépend pas.

La guitare **électro-acoustique**, au corps creux, est à mi-chemin entre l'électrique et l'acoustique.

La **basse** ne possède que quatre cordes et joue les notes les plus graves d'un morceau.

La **guitare à double manche** permet de changer de son sans changer de guitare.

Un musicien peut se faire fabriquer une guitare de la **forme qu'il veut**.

Le numérique, c'est quoi?

Les technologies numériques font appel aux puces en silicium et au code binaire. Les appareils numériques reçoivent et transmettent des informations sous forme de chiffres binaires, les bits.

Bit
Le **bit** est un chiffre binaire, 0 ou 1. Chaque bit est la réponse à une question simple, avec 0 = «non» et 1 = «oui».

Octet
L'**octet** se compose de 8 bits. C'est l'unité de mesure utilisée pour indiquer la capacité de stockage et le taux de transfert des appareils.

1 **kilooctet** = 1 024 octets
1 **mégaoctet** = 1 024 kilooctets
1 **gigaoctet** = 1 024 mégaoctets
1 **téraoctet** = 1 024 gigaoctets
1 **pétaoctet** = 1 024 téraoctets
1 **exaoctet** = 1 024 pétaoctets

Puces en silicium et ordinateurs
Les ordinateurs de bureau existent grâce au silicium, le matériau qui compose les puces électroniques. Le silicium est un bon semi-conducteur, il peut laisser passer le courant ou l'arrêter.

8237635UAB
MALAY 247
X

Le sable couvre la moitié de la surface de la Terre.

D'où vient le silicium?
Le sable est un mélange de silicium et d'oxygène – et il y a BEAUCOUP de sable sur Terre!

Morceau de silicium

Manteau supérieur

Manteau inférieur

Noyau externe (en fusion)

Noyau interne (dur)

Croûte et lithosphère

Combien de transistors peut-on monter sur une puce de silicium?

Au cœur de la puce

Une puce de silicium contient des millions de transistors (composants contrôlant la circulation du courant) ainsi que d'autres minuscules composants connectés entre eux.

La puce de silicium est minuscule : moins d'un centimètre carré de surface et environ un demi-millimètre d'épaisseur.

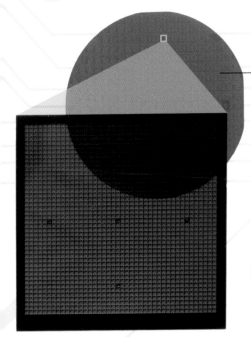

Galette de silicium

Dessin à graver sur la puce

Comment fabrique-t-on une puce ?

Dans une puce, toutes les données, les informations, doivent être gravées pour être utilisées. Pour cela, on imprime le dessin des circuits électroniques (les données) sur un disque de silicium, la galette, qu'on enduit de produits chimiques. Ceux-ci gravent le dessin sur plusieurs couches d'épaisseur. Le câblage des circuits est réalisé de la même manière.

Puces individuelles

Après avoir vérifié que les galettes sont lisibles, on y découpe des puces individuelles qui seront glissées dans une enveloppe protectrice.

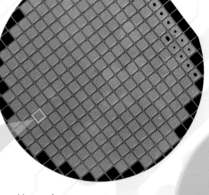

Une galette permet de fabriquer des centaines de puces.

Puce individuelle

Puce emballée

Qu'est-ce que c'est ?

Les images ci-dessous sont des détails agrandis de photos figurant dans le chapitre « Octets et bits ». Amuse-toi à les retrouver !

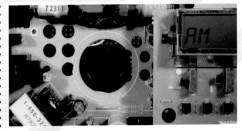

Pour en savoir plus
Le code binaire, pages **98-99**
L'Internet, pages **110-111**

Certaines puces contiennent 2 milliards de transistors.

L'ordinateur portable

Nous utilisons les ordinateurs pour toutes
sortes d'activités : jouer, regarder des films et
surfer sur Internet. Un microprocesseur, sorte
de cerveau miniature, contrôle le tout.

Ordinateur portable

On peut assembler tous les composants
d'un PC dans un boîtier refermable
de la taille d'un livre. Certains
ordinateurs portables communiquent
sans fil, par ondes radio, avec
les imprimantes ou d'autres appareils.

Le **microprocesseur**, ou unité
centrale, est la puce la plus importante
d'un ordinateur. Ce circuit électronique
assure l'exécution de tous
les programmes. Il est enfoui
au cœur de l'ordinateur.

Le **disque dur** stocke
de manière permanente
les programmes et
les données de l'ordinateur.
La plupart des ordinateurs
portables peuvent stocker
100 gigaoctets de données.

Le **pavé tactile** remplace la souris pour diriger
le curseur à l'écran. On peut facilement faire
défiler les fenêtres, les ouvrir ou les fermer
en faisant glisser l'index sur le pavé et
en cliquant sur les boutons.

Le **lecteur**
permet de lire ou
de copier des CD
et des DVD.

Carnet d'adresse
Professionnels
Calculatrice
Calendrier
Dictionnaire

Qu'est-ce qu'un netbook ?

Français

Japonais

Région

Résultats

Notes

Recherche rapide

12

Recherche d'images

11:44
AM

1d 1w 1m 3m 1y 2y

Les ingénieurs ont imaginé des ordinateurs intégrés au corps humain et contrôlables par le regard.

L'écran d'un ordinateur est composé de centaines de minuscules cristaux rouges, bleus et verts, comme la télévision.

Un peu de vocabulaire

La **mémoire** conserve les données auxquelles l'unité centrale doit accéder rapidement.

Le **disque dur** sauvegarde les fichiers et les programmes lorsque l'ordinateur est éteint.

La **clé Wi-Fi** permet aux ordinateurs de se connecter à Internet sans fil.

1 Mo Le nombre d'**octets** mesure la taille des données sur un ordinateur.

Les **câbles** connectent l'ordinateur portable aux périphériques, à l'imprimante et à Internet.

Les **périphériques** sont, par exemple, la souris ou la tablette graphique.

Les **ports** permettent de connecter d'autres appareils. Différents ports servent à brancher un lecteur MP3, un appareil photo ou un disque dur externe.

Le **capteur lumineux** active le rétroéclairage du clavier lorsqu'il fait sombre.

Un petit ordinateur très léger conçu pour se connecter partout à Internet.

97

Le code binaire

Le code binaire utilise deux chiffres : zéro et un. Il convertit les images, le texte et les sons en chiffres pour faire circuler l'information entre deux appareils numériques, deux ordinateurs par exemple.

Compter en binaire

En binaire, une suite de chiffres se lit (de droite à gauche) 1, 2, 4, 8, etc. ; les notions d'unité, de dizaine et de centaine n'existent pas. Ainsi, « 1001 », dans le système « normal » des nombres, correspond à zéro dizaine, zéro centaine et un millier. Dans le système binaire cela signifie : un 1, zéro 2, zéro 4 et un 8, soit au total 9.

Fonctionnement d'une carte mère

La carte mère est le principal circuit imprimé d'un ordinateur. Véritable chef d'orchestre, elle connecte tous les éléments entre eux et envoie les instructions.

2. Le **connecteur** demande à l'unité centrale (CPU) de s'arrêter.

1. Le **clavier** communique avec la carte mère via un fil relié à un connecteur de l'ordinateur.

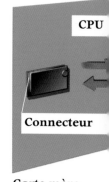

CPU

Connecteur

Carte mère

Combien de zéros et de uns une fibre optique peut-elle transporter par seconde ?

Sers-toi du code ci-dessous pour écrire ton nom en code binaire. Écris la première lettre de ton prénom et de ton nom en majuscules et le reste en minuscules.

La communication numérique

Pour des communications à grande distance ou à grand débit, on utilise des fibres optiques, dans lesquelles, pour transporter les données sous forme numérique, le courant électrique a été transformé en lumière. Un laser convertit le courant en signaux de lumière (ondes).

Code ASCII : écrire les lettres en binaire

0	0011 0000	F	0100 0110	U	0101 0101
1	0011 0001	G	0100 0111	V	0101 0110
2	0011 0010	H	0100 1000	W	0101 0111
3	0011 0011	I	0100 1001	X	0101 1000
4	0011 0100	J	0100 1010	Y	0101 1001
5	0011 0101	K	0100 1011	Z	0101 1010
6	0011 0110	L	0100 1100		
7	0011 0111	M	0100 1101		
8	0011 1000	N	0100 1110		
9	0011 1001	O	0100 1111		
A	0100 0001	P	0101 0000		
B	0100 0010	Q	0101 0001		
C	0100 0011	R	0101 0010		
D	0100 0100	S	0101 0011		
E	0100 0101	T	0101 0100		

Pour les lettres minuscules, a à o commencent par 0110 et p à z par 0111. Les autres chiffres restent identiques. Ainsi, a = 0110 0001.

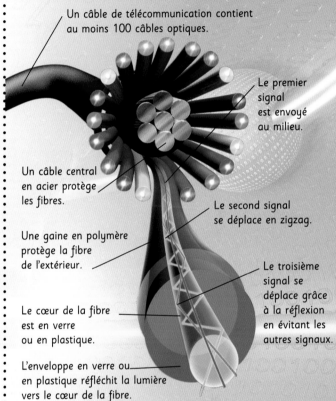

Un câble de télécommunication contient au moins 100 câbles optiques.

Le premier signal est envoyé au milieu.

Un câble central en acier protège les fibres.

Le second signal se déplace en zigzag.

Une gaine en polymère protège la fibre de l'extérieur.

Le troisième signal se déplace grâce à la réflexion en évitant les autres signaux.

Le cœur de la fibre est en verre ou en plastique.

L'enveloppe en verre ou en plastique réfléchit la lumière vers le cœur de la fibre.

---

3. L'**unité centrale** interrompt sa tâche en cours et accède à la mémoire vive (RAM) pour mettre en route le pilote du clavier intégré au programme de traitement de texte.

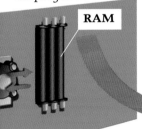

RAM

5. L'**unité centrale** indique au processeur graphique d'écrire ce caractère sur l'écran.

4. Le **pilote du clavier** identifie la touche qui a été enfoncée et le caractère qu'elle représente.

Processeur graphique

6. Le **moniteur** affiche le caractère à l'écran.

100 milliards de uns et de zéros à quasiment la vitesse de la lumière

Échanger des données

Lorsqu'on envoie un courriel ou un minimessage (SMS) depuis un téléphone portable, il passe par un nombre gigantesque d'ordinateurs reliés par des câbles ou des ondes radio. Comment trouve-t-il son chemin ?

Sans fil

Les réseaux sans fil, comme Bluetooth, permettent à deux ou plusieurs appareils d'échanger des données sans être reliés par un câble. Le sans-fil marche très bien à courte distance, mais n'a pas une grande portée.

Incroyable !

Le nom Bluetooth provient du roi danois Harald Blåtand, surnommé «Dent bleue» (soit *Bluetooth* en anglais), qui fit beaucoup pour l'unification du royaume à la manière du réseau Bluetooth.

Quelle portée ?

Bluetooth permet de connecter jusqu'à huit appareils simultanément à condition qu'ils soient à moins de 10 mètres de distance. Avec un émetteur plus puissant, il peut fonctionner sur de plus grandes distances.

Ondes radio

Avec Bluetooth, on peut transférer de la musique et des vidéos entre les appareils, ou envoyer des ordres. Il existe par exemple un robot Bluetooth.

Touche réponse

Touche volume

Boucle de fixation

Microphone

Avec un casque Bluetooth, il est possible de répondre au téléphone sans les mains, ce qui est utile lorsqu'on porte quelque chose.

Comment ça marche ?

Tout comme la télé ou la radio, un réseau sans fil utilise les ondes radio. Il découpe les données (informations) en petits morceaux qu'il envoie séparément via les ondes radio. Le destinataire, téléphone ou ordinateur par exemple, reçoit le signal radio et rassemble les morceaux de données.

Quelle est la connexion Internet domestique la plus rapide ?

Les réseaux informatiques

Tout comme les villes sont reliées entre elles par des routes, les ordinateurs sont reliés par des réseaux. Il peut s'agir d'un petit réseau, un ordinateur et une imprimante par exemple, ou d'un grand, comme les centaines d'ordinateurs d'une entreprise.

Dans la plupart des maisons, Internet arrive par la prise du téléphone ou de la télé. Une borne (souvent Wi-Fi) diffuse les données dans le reste de la maison.

Prise téléphonique ou câble

Central téléphonique

La majorité des réseaux informatiques sont connectés par les lignes téléphoniques. Un courriel doit parfois parcourir des centaines de kilomètres de câbles et plusieurs réseaux avant d'atteindre sa destination.

Les concentrateurs et les routeurs

Le concentrateur (souvent une borne Wi-Fi) envoie l'information aux appareils d'un petit réseau. Pour les grands réseaux, on utilise un routeur, qui permet à un grand nombre d'ordinateurs de communiquer entre eux.

Un serveur, c'est quoi?

Les serveurs sont comme de grandes armoires virtuelles où l'on stocke et partage des fichiers. Il en existe de plusieurs types : les entreprises utilisent un serveur interne pour sauvegarder les documents de travail et éviter de les perdre ; les serveurs FTP (File Transfer Protocol) sont comme une boîte à colis où l'on peut déposer et recevoir de gros fichiers. Les serveurs de courrier stockent les courriels des entreprises.

Quelques réseaux...

Les ordinateurs utilisent plusieurs types de réseaux. Ils portent des noms anglais.

PAN — **Personal Area Network** Connecte les appareils d'un seul usager.

LAN — **Local Area Network** Connecte un petit groupe d'ordinateurs (entreprise).

CAN — **Campus Area Network** Met en réseau les LAN d'une université.

MAN — **Metropolitan Area Network** Connecte tous les réseaux d'une ville.

WAN — **Wide Area Network** Réseau couvrant une grande zone, comme l'Internet.

GAN — **Global Area Network** Futur réseau de réseaux d'ordinateurs sans fil.

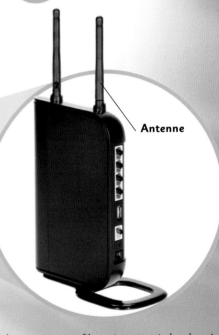

Antenne

Le routeur sans fil reçoit et envoie les données via son antenne, puis les envoie directement à l'ordinateur concerné. Le concentrateur doit essayer chaque appareil pour trouver le bon.

101

40 gigabits par seconde : télécharger un DVD ne prend que 2 secondes !

Les premiers portables pesaient environ 800 g.

Aujourd'hui, ils ne pèsent que 40 g.

Le téléphone portable

Premiers téléphones
Dans les années 1980, les téléphones portatifs étaient six fois plus gros que les téléphones actuels.

Le monde est quadrillé par un réseau de grandes tours métalliques, les stations de base. Lorsqu'on passe un appel, il se dirige vers la station de base la plus proche, qui l'envoie à très grande vitesse vers le téléphone du destinataire. Ce voyage ne dure que quelques millisecondes.

En plus de passer des appels, on peut avec l'iPhone écouter de la musique comme avec l'iPod et naviguer sur Internet à grande vitesse.

Des réseaux mobiles
Les téléphones portables utilisent un réseau de cellules. Chaque cellule est connectée à une station de base. Il faut être proche d'une de ces stations pour passer un appel.

Les stations de base
À la campagne, les stations couvrent des zones plus grandes qu'en ville car la population y est moins importante, donc moins de personnes utilisent le réseau.

Liaison par micro-ondes

Câbles à fibres optiques

MER

Câbles à fibres optiques

Téléphone portable
① Le portable convertit le son en ondes radio, qu'il envoie à la station de base la plus proche.

Station de base
② La station reçoit les ondes et les envoie vers le central téléphonique.

Central téléphonique

③ Le central téléphonique transmet les ondes à un autre central via des micro-ondes ou des câbles à fibres optiques souterrains ou sous-marins.

Station de base

Que veut dire SIM ?

Multifonction

Les téléphones ont de nombreux bons côtés mais aussi quelques mauvais.

Appeler, envoyer des SMS, filmer et prendre des photos.

Écouter de la musique, regarder des vidéos et la télévision sur Internet.

Trouver son chemin, les horaires de train et se tenir au courant de l'actualité.

Les portables polluent car ils mettent des siècles à se dégrader.

Incroyable !

Chaque minute 1 000 personnes dans le monde achètent leur premier téléphone portable. Il y a plus de 3 milliards de portables en circulation dans le monde.

Les portables utilisent des batteries lithium-ion qui permettent environ 7 heures de conversation.

Un portable aux rayons X

La carte SIM contient des données personnelles, ainsi que des numéros de téléphone et des images.

Mini, mini...

Chaque portable contient une antenne pour émettre et recevoir des appels, un circuit imprimé pour faire fonctionner le téléphone, un haut-parleur, un micro et une batterie pour l'alimentation.

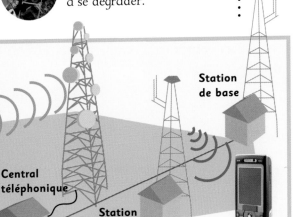

Station de base

Central téléphonique

Station de base

4 Le central envoie les ondes vers une autre station de base.

5 Cette station les achemine vers l'autre téléphone.

Téléphone portable

Les minimessages (SMS) voyagent comme les ondes sonores. Des milliards de SMS voyagent chaque jour.

Toujours plus petits

De nouveaux modèles apparaissent sans cesse. On pourra bientôt porter ces montres-téléphones. Les combinés deviendront peut-être inutiles si l'on invente des téléphones assez petits pour tenir dans l'oreille, voire la tête.

Montre-téléphone

Difficile de perdre son téléphone lorsqu'on l'a au poignet !

Subscriber Identity Module, « module d'identification de l'abonné ».

L'appareil photo

Les appareils photo numériques permettent de garder la mémoire des bons moments, comme les anniversaires. La médecine et l'exploration spatiale les utilisent aussi.

Preuve en main

Demande à un adulte de te laisser prendre une photo avec un appareil numérique. Modifie ensuite l'image avec un logiciel sur ton ordinateur.

Lentille **Obturateur** **Viseur**

Flash
Si la scène est trop sombre, un flash intégré l'éclaire brièvement.

C'est dans la boîte !

Il existe des appareils de toutes les tailles, du plus petit, intégré à un téléphone portable, au plus gros, comme celui du photographe professionnel. Les compacts comme celui-ci sont les plus répandus.

De la lumière au fichier

Comment l'appareil prend-il une photo ? C'est un processus simple qui utilise les éléments suivants : lumière, obturateur, lentille, capteur et carte mémoire.

La lumière se décompose en trois couleurs primaires, rouge, vert et bleu, qui permettent d'obtenir toutes les autres. La combinaison des trois donne la lumière blanche.

Des millions de pixels forment le capteur.

1 L'objet reflète la lumière. L'obturateur de l'appareil s'ouvre pour que la lumière passe par la lentille et atteigne le capteur.

2 Le capteur est recouvert de minuscules carrés, les pixels. Chaque pixel mesure la quantité de lumière rouge, bleue ou verte qu'il reçoit et la convertit en signaux électriques.

3 Le signal est envoyé et enregistré sur la carte mémoire.

Combien de pixels y a-t-il dans un mégapixel ?

Cadrage et mise au point

Certains appareils ont un viseur dans lequel le photographe peut voir ce qu'il va photographier. D'autres ont simplement un écran sur l'arrière afin de cadrer la photo.

Une image se forme

L'image produite par un appareil numérique se compose de milliers de pixels. Lorsqu'on regarde l'ensemble des pixels, ils forment une image complète.

Pixels

Le photographe peut choisir différents réglages, comme le flash ou la macro, avec cette molette.

Batterie

La plupart des appareils ont une batterie rechargeable.

Carte mémoire

Les images sont stockées sur la carte mémoire avant d'être transférées sur l'ordinateur.

Le principal intérêt d'une photo numérique, c'est de pouvoir la regarder! On peut télécharger les photos sur l'ordinateur en y insérant la carte mémoire ou en connectant l'appareil photo par un câble.

Jeux d'image

Certains programmes permettent de modifier et retoucher les photos numériques. On peut s'amuser à passer une image en noir et blanc ou supprimer les yeux rouges. Essaie ces exemples.

Convertir en noir et blanc

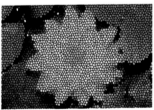

Ajouter des effets

Corriger les yeux rouges

Joyeux anniversaire!

Ajouter du texte

Stock de mémoire

Les anciens appareils photo, dits « argentiques », stockaient les photos directement sur un film, tandis que les appareils numériques utilisent une carte mémoire. La mémoire est mesurée en mégaoctets (Mo) ou en gigaoctets (Go). Les cartes vont de 512 Mo à 32 Go, et devraient avoir des capacités de stockage encore plus grandes à l'avenir.

Un million.

Octets et bits

Qui inventa la radio?

On attribue la fabrication de la première radio à Guglielmo Marconi. En 1901, il transmit des signaux radio au-dessus de l'océan Atlantique.

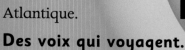

Des voix qui voyagent.

La radio s'appelait à l'origine TSF (télégraphie sans fil) car l'émetteur et le destinataire n'étaient pas reliés par câble.

La **voix** et la **musique** sont converties en signaux électriques par un microphone dans un **studio d'enregistrement**.

Ces signaux électriques sont envoyés par câbles vers un **émetteur radio**.

L'**émetteur radio** diffuse les ondes radio depuis la station radiophonique.

Le **poste de radio** capte les ondes et les convertit à nouveau en voix ou en musique.

Transmission numérique

La radio numérique utilise aussi un émetteur, mais les ondes radio diffèrent de celles de la radio classique.

La radio numérique utilise des codes numériques transmis sur une large bande d'ondes radio.

Radio et télévision

Difficile d'imaginer la vie sans radio ou télévision pour nous informer ou nous divertir. Comment des millions de programmes arrivent-ils jusqu'à la radio ou la télévision?

Une radio, c'est quoi?

La radio est principalement constituée d'une antenne, d'un circuit avec tuner (syntoniseur) et amplificateur, et d'un haut-parleur.

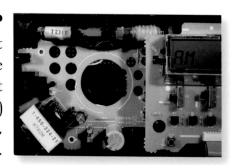

Radio numérique

Quand on écoute une radio numérique, il n'y a pas, ou peu, de grésillements, ces interférences de sons captés ailleurs. Les émetteurs envoient en effet le son sous forme de codes sonores compressés que seule la radio peut décoder. Du coup, il n'y a plus d'interférences.

Fixée à l'arrière de la radio, l'antenne capte les ondes radio.

La radio comprend un tuner et une puce informatique qui décode les ondes et les convertit en son.

Que veut dire LCD?

Un néon éclaire un disque en rotation percé de trous.

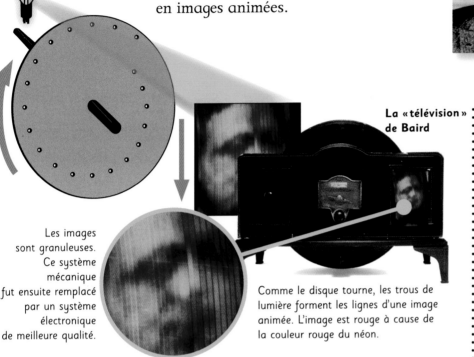

La première télévision

Les premiers essais de télévision remontent à la fin du XIXᵉ siècle. C'est celle de J. L. Baird qui fonctionna la première. Un disque tournant transformait la lumière d'une scène en images animées.

La « télévision » de Baird

Les images sont granuleuses. Ce système mécanique fut ensuite remplacé par un système électronique de meilleure qualité.

Comme le disque tourne, les trous de lumière forment les lignes d'une image animée. L'image est rouge à cause de la couleur rouge du néon.

L'écran LCD

Les écrans LCD équipent calculatrices et montres depuis les années 1970, mais n'ont conquis les téléviseurs que récemment. L'écran LCD d'une télévision se compose de millions de petits carrés, les pixels.

On peut voir les pixels en observant de près l'écran LCD.

Carrés colorés

Les pixels contiennent du bleu, du rouge et du vert. Les couleurs se mélangent selon l'état du pixel et forment une image.

L'inventeur de la télévision

John Logie Baird a effectué la première diffusion télévisée en 1929.

La télévision aujourd'hui

Les stations de télévision diffusent les programmes par ondes électriques.

Les **caméras** enregistrent les images sur le **plateau**.

Les programmes sont envoyés depuis le studio par **câbles** ou **micro-ondes**.

Les programmes peuvent transiter par des **satellites** dans l'espace avant d'être renvoyés sur Terre.

La **parabole** capte les micro-ondes et les envoie par câbles au téléviseur.

Le **téléviseur** convertit les ondes pour obtenir le son et les images du programme.

Incroyable !

Il existe environ 1,5 milliard de téléviseurs dans le monde, soit un pour quatre personnes sur la planète.

Liquid-crystal display, « écran à cristaux liquides » en français.

Le code-barres

Les codes-barres nous facilitent la vie lorsque nous faisons nos courses. Le lecteur lit le code-barres – bip! – et l'envoie à un ordinateur. L'ordinateur renvoie en réponse des informations sur l'article, comme son prix.

D'un code à un autre

Le premier code-barres fut inventé en 1948 par l'Américain Bernard Silver. Il s'inspira du morse, où les lettres sont codées par des points et des traits, qu'il allongea et transforma en lignes qui constituent le code-barres.

S O S

Qu'est-ce qu'un code-barres?

Les rayures noires et blanches représentent une suite de chiffres, un code spécifique à chaque produit. Il existe plusieurs types de codes-barres, l'image ci-contre représente celui utilisé en Europe.

Pays d'origine

Les premiers chiffres du code-barres désignent le pays de fabrication du produit. Chaque pays possède son code : 50 pour le Royaume-Uni, de 30 à 37 pour la France.

Logo du fabricant

Fabricant
Ces chiffres codent le nom du fabricant de l'article. Tous les produits d'un même fabricant possèdent le même code à quatre chiffres.

5 012345

À quand remonte la première utilisation du code-barres?

Numéro, s'il vous plaît

Chaque chiffre est représenté par deux bandes blanches et deux bandes noires. Les longues et fines bandes à gauche, à droite et au centre du code sont des repères pour bien positionner le lecteur de code-barres.

Lecteur de code-barres

— **Repères de droite**

— **Repères centraux**

Repères de gauche

5 012345 678917

Incroyable !

Aux États-Unis, des chercheurs ont collé de minuscules codes-barres sur des abeilles. Ils peuvent ainsi suivre à la trace leurs déplacements autour de la ruche.

Partie lisible par la machine
Les lecteurs des supermarchés sont des douchettes omnidirectionnelles. Ils émettent un faisceau laser en étoile, capable de lire le code-barres sous n'importe quel angle.

Partie destinée au caissier
Si le lecteur n'arrive pas à lire le code-barres, le caissier peut taper manuellement les chiffres.

Produit
Ce code désigne l'article. Le code de cet ours est le 567891

Caractère de contrôle
Ce chiffre permet de vérifier que le code-barres a été bien lu.

La lecture du code-barres

Le lecteur envoie un fin faisceau de lumière sur le code-barres. Dans le lecteur, un capteur de lumière décode et lit la lumière réfléchie. Les bandes blanches reflètent plus de lumière que les noires, ce qui permet de les distinguer.

Code-barres 2D

Ces nouveaux codes-barres se lisent de haut en bas ou de gauche à droite. Les téléphones portables et les Webcams peuvent lire certains d'entre eux et accéder ainsi à un site Internet.

Certains codes 2D, comme le code QR représenté ici, peuvent stocker cent fois plus d'informations que les codes-barres classiques.

678917

Au 26 juin 1974, sur un paquet de chewing-gums.

L'Internet

La plupart des gens ont découvert l'Internet au début des années 1990, mais l'armée et le système éducatif l'utilisaient déjà avant. Aujourd'hui, environ 1,5 milliard de personnes, soit un quart de la population mondiale, l'utilisent.

Qu'est-ce que l'Internet?

L'Internet est un réseau qui connecte des ordinateurs dans le monde entier. Il ressemble à une gigantesque toile d'araignée où tous les points seraient reliés entre eux.

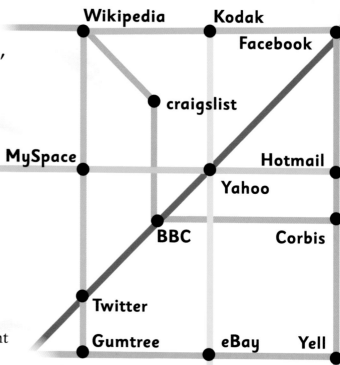

Wikipedia Kodak Facebook craigslist MySpace Hotmail Yahoo BBC Corbis Twitter Gumtree eBay Yell

En 1998, l'Internet contenait 26 millions de pages Web dites «uniques». En 2008, il y en aurait plus de 1 milliard selon les spécialistes.

Le World Wide Web

Des applications comme le World Wide Web permettent de s'informer, de se divertir et de communiquer via Internet. On peut construire son propre site, le faire partager à toute une communauté d'internautes et créer ainsi un «village mondial».

S'INFORMER

Quelques mots clés dans un moteur de recherche permettent d'accéder à une mine d'informations sur les sujets qui nous intéressent.

JOUER

Dans le monde entier, des gens jouent à des jeux de rôle en ligne – souvent à plusieurs.

ACHETER

Un livre ou ses prochaines vacances: tout peut s'acheter de chez soi. Des milliards d'objets sont vendus en ligne chaque jour.

DISCUTER

Les sites de *chat* (discussion en ligne) permettent de se faire des amis dans d'autres pays et de discuter en temps réel avec eux.

Qu'est-ce que le Wi-Fi?

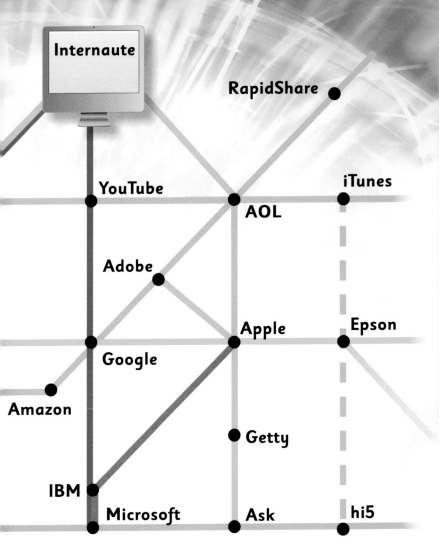

Internaute

RapidShare

YouTube

iTunes

AOL

Adobe

Apple

Epson

Google

Amazon

Getty

IBM

Microsoft

Ask

hi5

Un peu de vocabulaire

Surfer – Lire des pages Web sur Internet et naviguer entre elles.

Navigateur – Programme pour se connecter à un serveur WWW.

Routeur – Appareil réglant la circulation sur Internet.

Moteur de recherche – Site en ligne offrant des annuaires de site Web.

Fournisseur d'accès Internet (FAI) – Organisme ou société offrant une connexion au réseau Internet.

URL (également appelée «adresse universelle») – Adresse Internet complète.

HTML (HyperText Markup Language) – Langage informatique dans lequel sont écrites les pages Web.

Fragments de données

Sur Internet, les données sont découpées en morceaux, ou paquets, avant d'être envoyées. Chaque paquet contient une partie des données ainsi que l'adresse des deux ordinateurs entre lesquels il voyage.

Cliquez, envoyez!

Sur Internet, les données circulent sous forme de paquets envoyés vers une destination. On parle de commutation de paquets.

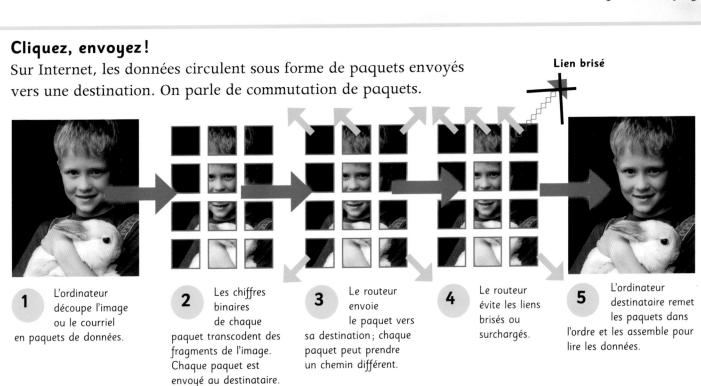

Lien brisé

1 L'ordinateur découpe l'image ou le courriel en paquets de données.

2 Les chiffres binaires de chaque paquet transcodent des fragments de l'image. Chaque paquet est envoyé au destinataire.

3 Le routeur envoie le paquet vers sa destination; chaque paquet peut prendre un chemin différent.

4 Le routeur évite les liens brisés ou surchargés.

5 L'ordinateur destinataire remet les paquets dans l'ordre et les assemble pour lire les données.

La technologie qui permet de se connecter à Internet par ondes radio plutôt que par câbles.

Les moteurs de recherche

L'Internet contient tellement d'informations qu'il peut être difficile de trouver ce que l'on cherche si l'on ne sait pas s'y prendre. Les moteurs de recherche sont très utiles car ils font le travail à notre place.

Comment ça marche?

Les moteurs de recherche utilisent des robots spéciaux, les «araignées». Elles parcourent l'Internet à la recherche de nouvelles pages, d'abord sur les sites à fort trafic (beaucoup de visiteurs), puis sur les autres pages Web. Le moteur de recherche bâtit un index à partir des mots de ces pages.

1 Les araignées du Web recherchent des nouvelles pages.

Biologique	Fruits	Pivoine
Bouleau	Glouton	Pomme
Caille	Interne	Réduire
Chaise de bébé	Islande	Reposé
Circulation	Kilt	Sage
Dîner	Labrador	Sans plomb
Dinosaures	Manger	Sésame
Écossais	Marche arrière	Souffle
Entendre	Orange	Uniforme
Espace libre	Pianos	Veste

2 Le moteur de recherche liste les mots présents sur chaque page.

vache
vapeur
vélo
vent
vipère

4 L'internaute tape un mot.

vélo

3 Le moteur de recherche stocke tous les mots trouvés dans un index.

vélo occasion
vélo pour enfants
vélo tout-terrain
vélo

Vélo promo
Achetez votre vélo moins cher
www.véloZ129.com
Vélos pour enfants
Vélos neufs et d'occasion pour enfants
www.véloenfants3000.com
Vélos tout-terrain
Des vélos tout-terrain à prix sacrifiés
www.vélooccasionforu99.com

5 Le moteur de recherche cherche les pages correspondantes dans son index.

6 Le moteur de recherche génère une liste de ces pages en quelques secondes.

D'où provient le nom du moteur de recherche Google?

Web   Images   Vidéos   Cartes   Actualités   Achats   Mail   Plus

Métadonnées

Les sites Web possèdent généralement des mots clés (métadonnées) intégrés. Les entreprises incluent ces mots dans les titres et sous-titres des pages de leur site.
Les concepteurs de site peuvent également mettre en avant certains mots à l'intention des moteurs de recherche.

Savoir chercher

Lorsqu'on tape une citation, une question ou des mots clés, le moteur de recherche cherchera ces mots dans les pages Web tels qu'ils sont écrits : il s'agit d'une recherche par mots.
Il faut être précis pour trouver ce que l'on cherche.

Recherches

avions

↓

avions français

↓

avions français, 1940

↓

avions français, 1940, seconde guerre mondiale

Un peu de vocabulaire

L'Internet utilise ses propres mots, dont beaucoup sont en anglais.

Les **navigateurs**, comme Firefox ou Safari, permettent d'accéder à Internet.

http:// figure au début de la plupart des adresses des sites Internet.

http désigne l'Hypertext Transfer Protocol, un code de communication.

Les **signets** offrent un accès rapide aux sites préférés.

L'**historique** contient la liste des derniers sites visités pour y retourner facilement.

Les **mots clés** permettent de retrouver rapidement les signets ou les fichiers.

Un site avec beaucoup de visiteurs a plus de chance d'arriver en haut de la liste.

Numéro 1

Les entreprises veulent faire apparaître leur site en haut de la liste des résultats dans tous les moteurs de recherche. Pour cela, elles utilisent les mots clés ou achètent un encart publicitaire sur la première page de résultats d'un moteur de recherche.

Incroyable !

Une entreprise peut décider d'interdire l'accès aux « robots » dans son site pour que les araignées du Web ne l'indexent pas.

Les robots

Les robots sont des machines qui travaillent à notre place, souvent dans des usines, mais parfois chez nous. Ils peuvent ressembler à des machines ou à des humains.

Le robot-aspirateur fonctionne avec des piles rechargeables.

Aide ménagère

Le robot-aspirateur se déplace tout seul dans la pièce et aspire la poussière. Pour s'orienter, il envoie des ondes sonores qui, en rebondissant sur les murs, les tables et les chaises, lui indiquent les obstacles.

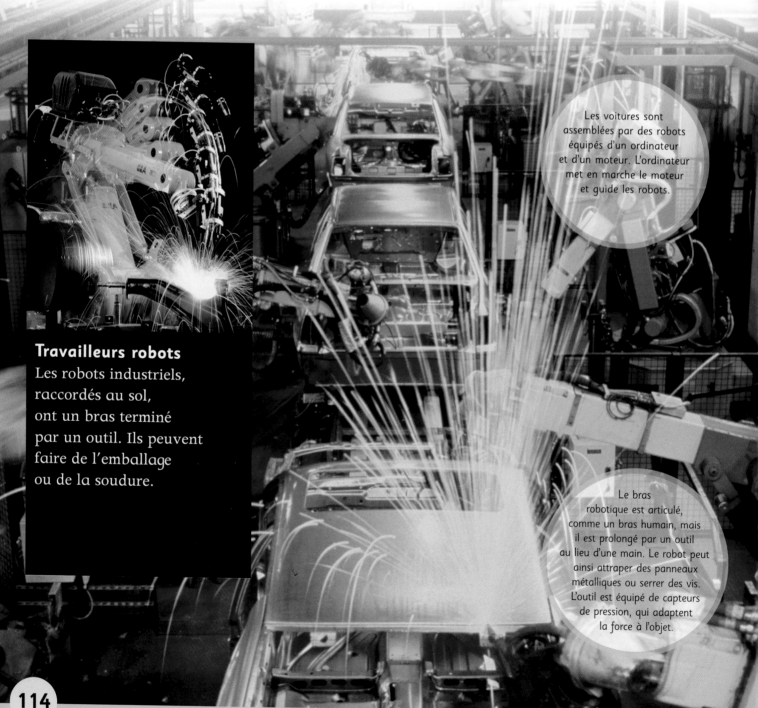

Travailleurs robots

Les robots industriels, raccordés au sol, ont un bras terminé par un outil. Ils peuvent faire de l'emballage ou de la soudure.

Les voitures sont assemblées par des robots équipés d'un ordinateur et d'un moteur. L'ordinateur met en marche le moteur et guide les robots.

Le bras robotique est articulé, comme un bras humain, mais il est prolongé par un outil au lieu d'une main. Le robot peut ainsi attraper des panneaux métalliques ou serrer des vis. L'outil est équipé de capteurs de pression, qui adaptent la force à l'objet.

Quel est le niveau d'intelligence du robot le plus avancé?

Robotique en essaim

Cette innovation fait appel à des petits robots qui s'associent pour travailler ensemble. Certains peuvent s'accrocher les uns aux autres pour former une grande machine. D'autres, à l'instar des fourmis, travaillent en équipe.

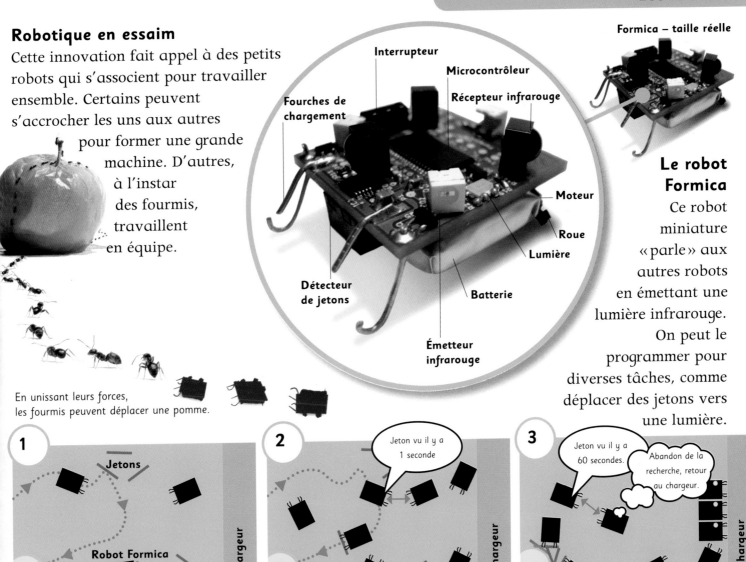

Formica – taille réelle

Interrupteur
Microcontrôleur
Récepteur infrarouge
Fourches de chargement
Moteur
Roue
Lumière
Détecteur de jetons
Batterie
Émetteur infrarouge

En unissant leurs forces, les fourmis peuvent déplacer une pomme.

Le robot Formica

Ce robot miniature « parle » aux autres robots en émettant une lumière infrarouge. On peut le programmer pour diverses tâches, comme déplacer des jetons vers une lumière.

1 Jetons — Robot Formica — Lumière — Chargeur

Les robots Formica se déplacent à la recherche de jetons à pousser vers la lumière.

2 Jeton vu il y a 1 seconde — Lumière — Chargeur

Lorsqu'un robot en rencontre un autre, il lui dit quand il a vu un jeton pour la dernière fois.

3 Jeton vu il y a 60 secondes. Abandon de la recherche, retour au chargeur. — Lumière — Chargeur

Les robots n'ont pas vu de jetons depuis longtemps, ils retournent donc au chargeur.

Robot démineur

Ce robot télécommandé peut aller dans des endroits trop dangereux pour l'homme. Ses griffes en métal lui permettent de saisir une bombe.

Le robot Kismet

Kismet se comporte comme un bébé avec son « maître ». Il peut avoir l'air heureux, triste ou apeuré. Il s'ennuie si on le laisse tout seul. S'il y a trop d'agitation devant lui, il ferme les yeux et s'endort.

Environ celui d'un insecte.

Et demain?

Le futur, ce n'est pas dans des années… mais demain! Certains appareils incroyables existent déjà en tant que prototypes et pourraient bientôt faire partie de notre vie.

La maison de demain

La maison de demain s'occupera de nous. Elle nous réveillera, fera couler un bain, et préparera le petit déjeuner toute seule. Elle fera même le ménage à notre place.

La maison Xanadu

Cette maison Xanadu, dessinée et construite en Floride, apparaît comme la pionnière des maisons du futur qui allieront technologies de pointe, efficacité énergétique et automatisation.

Les ordinateurs captent le signal radio des puces incorporées aux vêtements et enregistrent tout.

La maison intelligente

Dans un avenir proche, les pièces seront complètement automatisées. Les ordinateurs étudieront notre rythme de vie afin de s'y adapter. Le réfrigérateur sera toujours plein, le chauffage réglé efficacement, et le ménage fait.

Incroyable!

Le réfrigérateur de demain fera aussi les courses. Il enregistrera les aliments que nous mangeons et en commandera d'autres par Internet. Il suffira – presque – de se mettre à table!

L'ordinateur allumera la lumière et n'oubliera pas d'enregistrer notre émission préférée.

Le toit et les murs sont en mousse de plastique polyuréthane.

La mousse polyuréthane garde la chaleur et diminue la facture de chauffage. La construction est rapide et simple.

Quand fut construite la première maison Xanadu?

Enregistreur de vie

D'année en année, les puces sont toujours plus petites tout en stockant toujours plus d'information. Un appareil portable, un collier par exemple, pourrait enregistrer tous les événements de la vie. Ce PC-collier, conçu par Momenta, fonctionne à la manière d'une boîte noire dans un avion et enregistre chaque instant. Plus besoins d'album photos puisqu'il enregistre et stocke tous les moments importants.

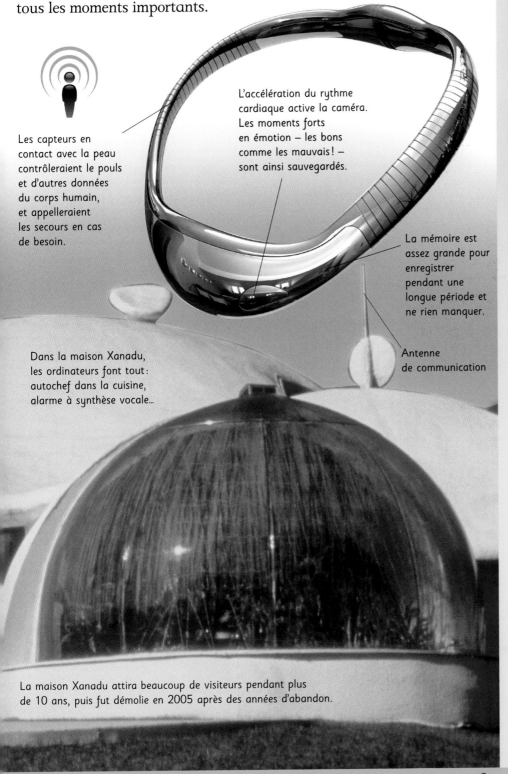

Les capteurs en contact avec la peau contrôleraient le pouls et d'autres données du corps humain, et appelleraient les secours en cas de besoin.

L'accélération du rythme cardiaque active la caméra. Les moments forts en émotion – les bons comme les mauvais ! – sont ainsi sauvegardés.

La mémoire est assez grande pour enregistrer pendant une longue période et ne rien manquer.

Antenne de communication

Dans la maison Xanadu, les ordinateurs font tout : autochef dans la cuisine, alarme à synthèse vocale...

La maison Xanadu attira beaucoup de visiteurs pendant plus de 10 ans, puis fut démolie en 2005 après des années d'abandon.

Aliments du futur

Les aliments du futur seront modifiés pour apporter au corps humain la quantité précise de nutriments nécessaires. Les organismes génétiquement modifiés (OGM) pourraient être cultivés dans des sols plus arides, permettant aux pays souffrant de la sécheresse de produire assez de nourriture pour assurer leur développement.

Les OGM coûtent très cher et, selon certains scientifiques, ils pourraient être dangereux pour la santé.

Les yeux dans les yeux

Les lentilles de contact ne se contenteront pas d'améliorer la vue. De minuscules projecteurs enverront l'information directement dans nos yeux. En un clin d'œil, nous pourrons regarder un film en 3D ou obtenir des renseignements.

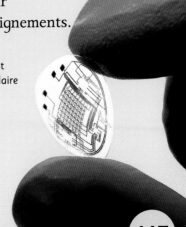

Les lentilles fonctionneront à l'énergie solaire pour être toujours chargées.

La première maison Xanadu expérimentale fut bâtie en 1979, dans le Wisconsin, aux États-Unis.

Inventions du futur

Chaussures à moteur

Les chaussures à moteur permettront d'aller plus vite qu'à pied. Une fois les roues sorties, des moteurs électriques petits mais puissants nous conduiront au travail.

Dans les chaussures, des capteurs sans fil communiqueront entre eux pour avancer dans la bonne direction.

Le concept Embrio

Ce monocycle à moteur pourra transporter deux passagers. Il restera stable grâce aux capteurs et gyroscopes assistés d'un ordinateur. Alimenté par une pile à combustible, il ne pollue pas.

Les passagers s'assoient sur la selle comme sur une moto.

On accélère avec le guidon.

Pour se diriger, les passagers doivent se pencher sur le côté.

À faible vitesse, des roulettes se déplient.

Le bus à hydrogène

Bientôt, il n'y aura plus de bus polluants. DaimlerChrysler en a conçu un qui roule à l'oxygène et à l'hydrogène liquide. Il n'émet que de la vapeur d'eau lorsqu'il se déplace.

La BitCar

Les chercheurs du Massachusetts Institute of Technology (MIT) ont inventé la BitCar. Ce véhicule, qui fonctionne également avec une pile à combustible, est guidé par satellites et caméras. Les BitCar s'imbriquent les unes dans les autres pour un gain de place.

Il suffit de prendre une BitCar dans une station et de la « garer » dans une autre, à l'arrivée

Quelle distance sépare la Lune de la Terre ?

Vacances dans l'espace

Dans un avenir proche, l'espace sera la prochaine destination de vacances de luxe. Des avions spatiaux emmèneront les touristes en dehors de l'atmosphère. Ceux-ci pourront admirer la Terre de l'espace et faire l'expérience de l'apesanteur.

Objectif Lune D'ici 2020, un nouveau vaisseau appelé *Orion* devrait emmener à nouveau des astronautes sur la Lune. Le dernier voyage sur la Lune remonte à 1972. Bientôt, la Lune pourrait abriter une base spatiale et même des hôtels.

Virgin Galactic proposera bientôt un avant-goût de l'espace avec ses vols suborbitaux autour de la Terre.

La station spatiale internationale

La station spatiale internationale (ISS) est le seul endroit habitable dans l'espace. Bientôt, il pourrait y avoir des hôtels en orbite autour de la Terre.

L'ISS fait le tour de la Terre en 90 minutes. Elle est visible par 90 % de la population mondiale.

La première partie de l'ISS fut lancée en 1998. La station, qui a été achevée en 2010, est de la taille d'un terrain de football.

Tourisme spatial.

Dennis Tito est pour l'instant le seul touriste de l'espace. Il a payé des millions de dollars pour passer une semaine à bord de l'ISS.

Dennis Tito

Seules trois navettes fonctionnent actuellement. Elles devraient cesser leur activité en 2010.

La distance moyenne entre la Terre et la Lune est de 384 955 km.

Dans un avenir lointain

De nombreuses inventions fantastiques pourraient révolutionner notre vie : les implants amélioreront notre cerveau, les ordinateurs nous soigneront en un clic, et nous arriverons à reproduire le fonctionnement du Soleil.

bonjour hola ciao hello hallo hi hälsningar merhaba halo powitanie

Apprends une nouvelle langue en quelques minutes en la téléchargeant dans ton cerveau !

Perfectionner son cerveau

Pour rendre un ordinateur plus puissant, on peut lui ajouter une nouvelle puce, plus de mémoire ou des nouveaux logiciels. Demain, on pourra faire de même avec le cerveau. Les premiers implants pourraient améliorer la mémoire, les réactions ou nos connaissances linguistiques. On peut aussi imaginer des applications ludiques, films en 3D ou en odorama par exemple.

En cas de pluie ou de froid, les vêtements deviendront imperméables et plus épais.

Ils changeront même de couleur en fonction des autres vêtements portés.

Des vêtements intelligents

À l'avenir, plus besoin de mettre un pull lorsqu'il fait froid : des vêtements intelligents changeraient de propriétés selon la météo. Des T-shirts pourraient laisser passer l'air lorsqu'il fait chaud et devenir imperméables en cas de pluie, voire pare-balles en cas d'urgence. Les vêtements incorporeront des molécules intelligentes commandées par le champ magnétique ou électrique.

Quand le premier dirigeable Zeppelin a-t-il décollé ?

Auto-Doc

On dirait de la science-fiction, mais l'Auto-Doc pourrait bientôt s'occuper de notre santé. Des capteurs analyseront l'haleine ou le sang et scanneront notre corps.

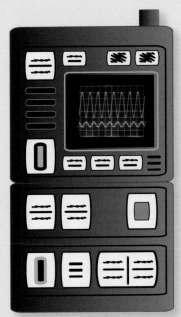

L'Auto-Doc fera un diagnostic et prescrira des médicaments, voire les fabriquera.

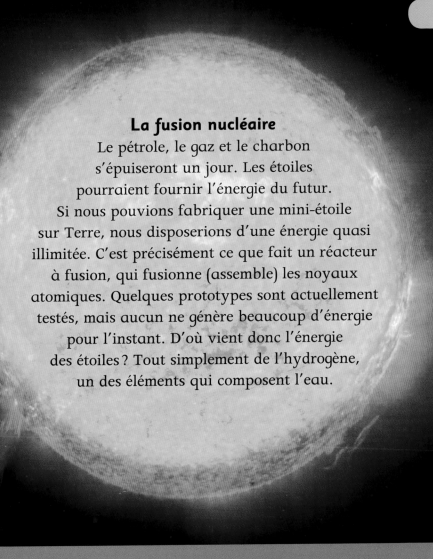

La fusion nucléaire

Le pétrole, le gaz et le charbon s'épuiseront un jour. Les étoiles pourraient fournir l'énergie du futur. Si nous pouvions fabriquer une mini-étoile sur Terre, nous disposerions d'une énergie quasi illimitée. C'est précisément ce que fait un réacteur à fusion, qui fusionne (assemble) les noyaux atomiques. Quelques prototypes sont actuellement testés, mais aucun ne génère beaucoup d'énergie pour l'instant. D'où vient donc l'énergie des étoiles ? Tout simplement de l'hydrogène, un des éléments qui composent l'eau.

Le retour du dirigeable

Le dirigeable, très populaire au début du XXe siècle, pourrait faire son retour dans le ciel. Ce géant fonctionnant à l'énergie solaire et éolienne ne consommera pas de carburant. Il ira moins vite qu'un avion mais pourra transporter de lourdes charges, ce qui est idéal pour le transport des marchandises. Il pourra aussi abriter un palace flottant.

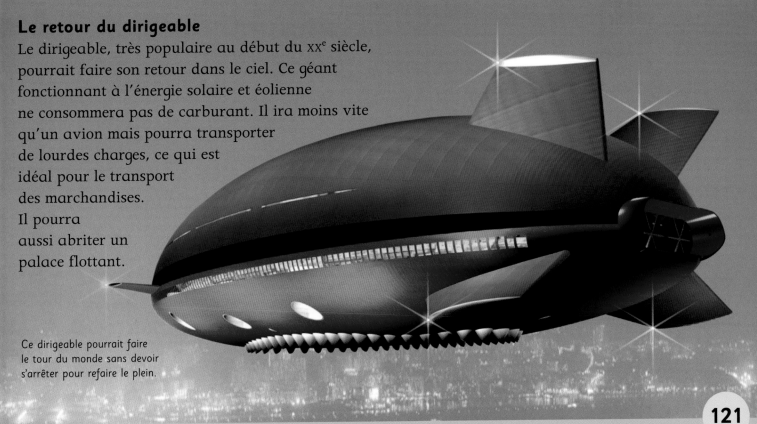

Ce dirigeable pourrait faire le tour du monde sans devoir s'arrêter pour refaire le plein.

Le premier vol d'un Zeppelin remonte à 1900.

121

Glossaire

Aérodynamique Étude du mouvement des gaz (l'air en particulier) et des objets qui se déplacent dans l'air (comme les avions).

Aérodynamique Un objet aérodynamique (profilé) présente des courbes lisses de façon à offrir le minimum de résistance à l'air.

Atome Composants de base constituant la matière.

Biocarburant Carburant provenant d'organismes vivants. Le bois, l'éthanol issu du maïs ou le biogaz issu des déchets sont tous des biocarburants.

Bit Plus petite unité de mémoire utilisée par un ordinateur. Le mot provient de l'anglais «binary digit», ou chiffre binaire.

Brevet Description officielle d'une invention avec le nom de son auteur afin que personne d'autre ne puisse prétendre en être l'inventeur.

Câble à fibre optique Tube flexible renfermant des fibres de verre très fines et souples, qui transportent l'information sous forme d'ondes lumineuses.

Champ magnétique Zone d'attraction ou de répulsion (rejet) générée par un aimant.

Code binaire Code constitué de 0 et de 1. La technologie numérique convertit tous les nombres et lettres en binaire. Par exemple, la lettre A est 01000001 en code binaire.

Combustibles fossiles Combustibles extraits de la terre et issus de restes d'organismes vivants. Les combustibles fossiles, comme le charbon, le pétrole et le gaz, ne sont pas des sources d'énergie renouvelables.

Conducteur Matériau qui laisse passer l'électricité ou la chaleur. Les métaux sont conducteurs.

Courant Circulation d'un ensemble de charges électriques.

Décibel Unité de mesure du son.

Densité Rapport entre le poids d'un solide, d'un liquide ou d'un gaz et son volume.

Donnée Synonyme d'information, notamment d'information numérique.

Électroaimant Aimant créé par la circulation du courant dans une bobine.

Électron Particule minuscule d'un atome, chargée négativement.

Énergie Capacité à agir (par exemple, marcher ou déplacer un objet). Quelque chose qui fournit de l'énergie est une source d'énergie.

Énergie cinétique Énergie d'un objet en déplacement. L'énergie cinétique augmente avec la vitesse.

Énergie nucléaire Électricité générée à partir de l'énergie libérée en cassant des atomes d'uranium.

Énergie potentielle Énergie emmagasinée par un objet soulevé au-dessus du sol. Lorsque cet objet tombe, cette énergie se transforme en énergie cinétique.

Énergie renouvelable Énergie issue du soleil, du vent, de l'eau ou de la géothermie. À la

Qu'est-ce que la force centrifuge ?

différence des énergies fossiles, elle est inépuisable.

Énergie solaire Énergie émise par les rayonnements solaires.

Fluide Liquide ou gaz. Dans un fluide, les atomes remplissent librement l'espace.

Force Poussée ou traction. La gravité est la force qui nous attire vers le sol.

Friction Force qui ralentit un objet. Il y a friction lorsque deux objets solides frottent l'un contre l'autre ou qu'un objet solide se déplace dans un fluide.

Géothermie Énergie fournie par la chaleur naturelle du centre de la Terre.

Gravité Force qui attire deux objets l'un vers l'autre. Le poids est l'attraction exercée par la Terre sur un objet.

Gravité zéro Sensation d'apesanteur. Un objet qui n'est soumis à aucune gravité flotte librement.

Inertie Résistance d'un objet à un mouvement imposé. Un objet stationnaire (immobile) aura tendance à rester sur place tandis qu'un objet en mouvement aura tendance

à poursuivre son mouvement en ligne droite sans changer de direction ni de vitesse.

Isolant Matériau qui laisse difficilement passer le courant ou la chaleur. Le bois et le plastique sont des isolants.

LCD Sigle anglais pour «écran à cristaux liquides». Les cristaux liquides de l'écran LCD s'illuminent sous l'effet d'une tension électrique pour afficher une image ou des chiffres.

Lentille Objet qui dévie le cheminement de la lumière.

Levier Machine simple composée d'un bras appuyé sur un pivot. Le levier amplifie ou diminue une force pour faciliter le travail. Les ciseaux, la brouette et la pince sont des leviers.

Masse Quantité de matière d'un objet dans un volume donné.

Métadonnées Informations (mots clés, par exemple) qui décrivent le contenu d'un fichier informatique. Par exemple, les métadonnées d'une photo numérique indiquent sa taille ou la date de la photo.

Molécule Groupe de deux atomes ou plus. La molécule d'eau est constituée de trois atomes : deux d'hydrogène et un d'oxygène.

Nanotechnologie Technologie de fabrication d'objets à l'échelle de l'atome et de la molécule, c'est-à-dire la plus petite partie d'un matériau ou d'une matière.

Neutron Particule composant, avec le proton, le noyau de l'atome. Le neutron n'a pas de charge électrique.

La résistance d'un objet au mouvement : il veut rester droit.

Glossaire

Noyau L'atome est composé d'un noyau, lui-même constitué de neutrons et de protons, et d'électrons.

Numérique Se dit d'une machine fonctionnant avec des chiffres. Une montre numérique affiche l'heure sous forme de chiffres et non via un cadran. Les appareils numériques, comme les ordinateurs, stockent les données sous forme de code binaire.

Octet Groupe de huit bits.

Onde Vague (oscillation) verticale ou horizontale transportant l'énergie d'un endroit à un autre.

Orbite Trajet effectué dans l'espace par un corps céleste (ou un objet) autour d'un autre plus gros que lui. Par exemple, la Terre est en orbite autour du Soleil.

Panneau photovoltaïque Panneau qui absorbe l'énergie solaire (lumière) et la convertit en électricité.

Pivot Point d'appui d'un levier.

Pixel Petit carré coloré constituant l'élément de base d'un écran d'ordinateur ou de télévision.

Poids Action de la gravité sur un objet. Le poids ne doit pas être confondu avec la masse. Sur Terre, un objet a un poids et une masse. Sur la Lune, où la gravité est 6 fois plus faible que sur la Terre, un objet aura la même masse, mais aura un poids 6 fois plus faible. (Même dans l'espace, la gravité n'est jamais nulle)

Poussée Force qui déplace un corps vers l'avant. Dans un avion ou une voiture, c'est le moteur qui fournit la poussée.

Proton Particule composant, avec le neutron, le noyau de l'atome. Le proton possède une charge électrique positive.

Réflexion Lorsque la lumière rebondit sur une surface (miroir, par exemple) et repart dans la direction inverse, elle est réfléchie.

Réfraction Lorsque la lumière traverse un objet transparent (fenêtre ou prisme, par exemple), le faisceau est dévié : c'est le phénomène de réfraction.

Satellite Corps céleste (ou objet) en orbite autour d'un autre, plus gros. La Lune est le satellite naturel de la Terre. Des satellites artificiels, fabriqués par l'homme, orbitent autour de la Terre et envoient des informations sur la météo par exemple.

Solution Substance dissoute dans une autre.

Technologie Science du fonctionnement des objets.

Télécharger Copier des fichiers depuis Internet vers un ordinateur.

Tension Force à l'origine du déplacement des électrons dans un courant électrique. Elle se mesure en volts.

Thermostat Appareil qui contrôle la température, d'un radiateur ou d'une chaudière par exemple.

Traînée Force qui s'oppose au mouvement d'un objet dans l'air ou l'eau. Plus l'objet se déplace rapidement, plus elle est importante.

Transistor Élément d'un circuit électrique qui contrôle la circulation du courant.

Qu'est-ce qu'une turbine ?

Index

A

Aérodynamisme 27, 34, 44, 53
Aimants 9, 60, 61, 93
Air 32, 34, 39, 42, 45, 47, 48, 49, 52, 88
Aliments 68, 69, 70, 117
Amortisseur 29
Ampoule 4, 11, 58, 59, 61, 84, 85
Appareil photo 5, 10, 83, 104, 105, 117
Arc-en-ciel 77
Archimède (poussée d') 46
Atome 56, 57, 58, 63, 68, 74
Avion 4, 11, 52-53, 89

B

Balançoire 17
Ballons 48-49
Barrage 57, 63, 67
Bateau 8, 31, 46-47
Batterie 38, 39, 103, 105
Bicyclette 24, 26-27, 30, 36, 61
Biocarburant 39, 63, 67
Biotechnologie 13
Bit 94
Boussole 9, 60
Brevet 6
Bulles 78-79

C

Câble à fibre optique 98
Carburant 22, 32, 33, 38, 39, 54
Centrale électrique 62-63
Chaleur 29, 56, 68, 69, 70, 76
Charbon 62, 64, 65
Chariot 8, 24
Chauffage 9, 73
Chaussures 4, 7, 9, 118
Ciseaux 15, 16
Code binaire 98-99
Code-barres 108-109
Combustibles fossiles 38, 62, 64-65
Couleur 74, 76, 77, 78, 85, 87, 104, 107
Cylindre 30-31, 33

D

Densité 45, 47
Détecteur de fumée 4
Diesel 22, 32, 40
Dioxyde de carbone 42, 48, 72
Dirigeable 48-49, 121
Dynamo (vélo) 61

E

Eau 35, 43, 45, 46, 47, 53, 79, 81
Écho 75, 91
Efficacité énergétique 64, 72-73, 116-117
Électricité 10, 12, 22, 38, 39, 40, 57, 58-59, 60, 62-68, 70, 84, 86, 92, 93
Électroaimant 60, 61
Électrons 58
Énergie 22, 50, 56-73
   nucléaire 56, 63
   solaire 22, 38, 63, 67, 117, 121
   renouvelables 63, 66-67, 72, 121
Engrenage *voir* Roue dentée
Éolienne 66
Escalator 21
Essence 11, 12, 22, 32, 34, 38, 39
Essieu 24-25

F

Feu 8, 32, 33
Feu d'artifice 86-87
Flottabilité 46-47
Fluides 42-43, 44-45
Force centrifuge 35, 51
Formule 1 25, 30, 34-35
Four 7, 68
Freins 23, 27, 35, 41, 51
Friction 23, 24, 27, 28, 30
Frottement voir Friction
Fusée 54, 55
Fusion nucléaire 121

Une machine avec hélice qui tourne, entraînée par un gaz ou un liquide.

Index

G Gaz 29, 42, 44, 62, 65
Géothermie 63, 67
Gravité 44, 46, 50-51
Grue 18, 19
Guitare électrique 5, 92-93

H Hélicoptère 5
Hélium 48, 49
Hydroélectricité 63, 67
Hydrogène 39, 43, 118, 121

I Inertie 35
Internet 11, 110-111, 112-113

L Lampe torche 59
Laser 85, 99
Lentilles 82-83, 117
Leviers 14-15, 16-17, 19, 25, 27
Liquides 42, 44
Lumière 11, 56, 58, 74-85, 99, 104
Lunettes 4, 81

M Maison 72-73, 116-117
Marteau 14
Masse 45
Micro-ondes 56, 107
Microprocesseur 10, 96
Microscope 5, 83
Miroir 8, 80-81
Molécules 42, 43, 68
Montagnes russes 50-51
Montgolfière 49
Moteur 10, 20, 21, 23, 25, 31, 32-33, 34, 36, 37, 38, 39, 50
Moto 30, 118
Mur du son 89

N Nanotechnologie 13
Navette spatiale 55, 119

O Octet 94
Œil 76, 77, 82, 83, 117
OGM 117
Ondes 74, 75, 76, 88, 91, 107
Ondes radio 56, 76, 100, 106
Ordinateur 7, 11, 13, 73, 94, 96-97, 98-99, 100, 101, 116, 117, 120
Oscilloscope 89
Ouïe 90-91
Oxygène 32, 39, 42, 43, 118

P Pelleteuse 19
Périscope 81
Pétrole 12, 22, 62, 64
Photographie 10, 104-105
Pile 58, 59, 73
Piston 29, 30, 31, 32-33
Pneus 25, 27, 28, 29, 34
Poids 44, 45, 53
Portance 52, 53
Poulie 15, 19, 20, 21, 25
Poussée 23, 52
Prisme 74, 77
Puce en silicium 94-95

R Radio 106
Rayonnement électromagnétique 74
Rayons ultraviolets 77
Rayons X 11, 56, 77, 84, 103
Recyclage 73
Réfrigérateur 70-71, 73, 116
Réseau 100-101, 102-103
Ressort 4, 29
Robot 114-115

Roue 4, 5, 8, 15, 23, 24-25, 26, 27, 28, 29, 30, 31, 41
Roue dentée 20, 21, 25, 26

S Satellite 11, 55, 107
Soleil 22, 38, 44, 56, 62, 67, 74, 77, 85
Son 74-75, 88-91, 92
Sous-marin 47, 81
Station spatiale internationale 119
Suspension 29

T Tapis roulant 20-21
Téléphone 4, 6-7, 11
portable 7, 11, 73, 76, 102-103
Télescope 10, 81, 82, 83
Télévision 11, 76, 100, 107
Traction 23
Train 10, 40-41, 60
Traînée 44, 52, 53
Turbine 62, 67

V Vent 42, 63, 66
Vitesse 36-37, 51, 57, 74
Voiture 11, 25, 28, 30-31, 32, 34-35, 36, 37, 38-39, 44, 57, 81, 118
Vol 11, 48-49, 52-53, 121

Crédits et remerciements

L'éditeur souhaite remercier les personnes physiques et morales l'ayant aimablement autorisé à reproduire leurs photographies ou illustrations.

Abréviations : b = bas ; c = centre ; d = droite ; e = extrémité ; g = gauche ; h = haut ; p = premier plan

Avec l'aimable autorisation de Motorcycle-USA.com : 37bd ; **Alamy Images** : 19th era 6cdp ; A Room with Views 7hg ; Judith Aronson / Peter Arnold, Inc. 80hd ; Roger Bamber 80-81cp ; Stephen Bond 6hd ; Mark Boulton 73cdp (point de recyclage) ; Mike Brand 91bg ; Scott Camazine 56bg ; Chesh 92bg ; Tony Cordoza 83cdp (projecteur) ; David Noton Photography 15cd (grue), 18-19 ; Danita Delimont 8bd ; GabiGarcia 34b ; GS International / Greenshoots Communications 73cdb ; Horizon International Images Limited 74-75 (soleil et ciel orange) ; D. Hurst 7ebd, 49ebd, 102cdp, 123h ; Leslie Garland Picture Library 19hd, 95cdb (circuit radio), 106cdp ; Oleksiy Maksymenko 96cp, 103cp (batterie de téléphone), 103cgp (BlackBerry) ; Mindset Photography 87cd ; Motoring Picture Library 24hg ; National Mot or Museum / Motoring Picture Library 61cdp (verrouillage centralisé) ; David Pearson 21hd ; Mark Phillips 73bg ; PVstock. com 85hd ; Helene Rogers 96cgb ; Rolf Hicker Photography 9bd ; Ian Shaw 11bd ; Adrian Sherratt 8cdp (soudage) ; Stockfolio 532 87bd ; Studioshots 105ecgb ; The Print Collector 26bg ; Hugh Threlfall 96-97c ; Joe Tree 106bd (radio numérique) ; Colin Underhill 43cdp (avion), 50-51 (image principale), 126hc ; Wolfgang Usbeck / Bon Appétit 68bc (poulet dans le four), 68cdb ; View Stock 86cgb ; Tony Watson 37cb, 127b ; WidStock 65hd ; Jochem Wijnands / Picture Contact 58bd ; WildLife GmbH 79cd ; WoodyStock 101cgp ; Jerome Yeats 7cg ; **avec l'aimable autorisation de Apple** : 96cgb (pavé tactile), 96cdb (disque dur) ; Photo : **Beiersdorf AG** : 13ebd (pansement) ; **Bombardier Recreational Products Inc. (BRP)** : (®, TM et le logo BRP logo sont des marques de Bombardier Recreational Products Inc. ou de ses filiales, www.brp.com - BRP, une société non cotée en Bourse, est un chef de file mondial dans la conception, la fabrication, la distribution et la mise en marché de véhicules récréatifs motorisés. Son portefeuille de marques et de produits englobe : motoneiges Ski-Doo® et Lynx™, motomarines et bateaux sport Sea-Doo®, moteurs hors-bord Evinrude® et Johnson®, technologie à injection directe Evinrude E-TEC®, quads et roadsters Can-Am™ , karts et moteurs Rotax® 118bg ; **Bresslergroup** : Momenta PC 117cp, Momenta PC 117hg ; **avec l'aimable autorisation de Canon (UK) Ltd** : 13hd, 95cd, 104cgp, 104hd (encart), 105cgp ; **Corbis** : A2070 Rolf Haid / DPA 52bd, 53bg (encart) ; Mike Agliolo 98cp (arrière-plan), 98cg, 99cd (arrière-plan) ; Arctic-Images 118cdp ; Jeffrey Arguedas / EPA 23cdp (camion), 29 (image prinicpale), 128bd ; David Arky 84cdp (ampoule), 92hd ; Bettmann 5hd, 6cg, 52cgb, 107cgp (encarts photo) ; Richard Broadwell / Beateworks 1cg, 64cd (ampoule) ; Burke / Triolo Productions 9cdp ; Car Culture 25cgb, 39hd ; Ron Chapple 63cdb (maïs), 67bd ; Chogo / Xinhua Press 41cdb (chemin de fer Qinghai-Tibet) ; Claudius 43cdb, 57cdb (turbines – gros plan), 64cg ; Chris Collins 88bd ; Construction Photography 45bd (brique), 63cdp (hydroélectricité) ; Angela Coppola 120bg (garçon) ; Jim Craigmyle 92c ; Nigel J. Dennis / Gallo Images 89bg ; Rick Doyle 32hd ; Robert Essel NYC 81cdp (rétroviseur) ; Shannon Fagan 111b (garçon avec lapin) ; Randy Faris / image100 64cdb (recyclage) ; Thomas Francisco 75cd, 81hg ; Martin Gallagher 115ecdp ; Glowimages 87hd ; Andrew Gompert / EPA 81bd ; Ole Graf 15cdp (pivot), 16-17b (balançoire) ; Mike Grandmaison 63bg ; Richard Gross 67hg ; H et M / photocuisine 65bd ; Don Hammond 46-47 (image principale) ; Philip Lee Harvey / Photoconcepts 120bg (herbe) ; Dallas and John Heaton / Free Agents Limited 41cdp (train super express) ; HO / Reuters 47hd ; Hulton-Deutsch Collection 7cdp (Sinclair C5), 7hc, 26cgp, 26hg, 107hd ; ImageShop 2cdp ; ION / amanaimages 93bg ; The Irish Image Collection 65cgp ; Simon Jarratt 43bd, 63cdp (énergie solaire), 67cdp (énergie solaire) ; Mark A. Johnson 63cd (énergie des vagues) ; Jose Luis Pelaez, Inc. 77bd ; Karl-Josef Hildenbrand / DPA 113cdp (navigateur avec moteur de recherche) ; Kulka / zefa 13cdp (mouton) ; Patrick Lane / Somos Images 98l ; Larry Lee Photography 65cdp (encadré) ; Larry Lee 48-49 (image principale) ; Lester Lefkowitz 32cp ; Leng / Leng 64cd (lessive) ; Ted Levine 32cgp (plongeur) ; Barry Lewis 53cdp, 65cgb (flammes) ; Yang Liu 57cd, 62hd ; Gerd Ludwig 63cgp ; David Madison 25bd ; Sadao Maejima / AmanaImages 87hg ; Lawrence Manning 6ebd, 27cdp ; MM Productions 64hd (jardinage) ; Moodboard 12bg (ampoule), 23cb, 23cdp (soudure), 32cgp (soudure), 64cdp (télévision) ; Roy Morsch 118cgp ; Noah K. Murray / Star Ledger 43cdp, 52hd ; Charles O'Rear 9bc (pièces) ; David Papazian / Beateworks 64cdp (isolation) ; Louie Psihoyos 95hc ; Radius Images 62l ; Nick Rains 41cdp (Australien) ; Anthony Redpath 120ebg (pluie) ; Jim Reed 89cg ; Roger Ressmeyer 63cdb (géothermie), 67cb ; Reuters 119bg ; Michael Rosenfeld / DPA 2-3 (circuit imprimé t & b) ; Schlegelmilch 35cg ; Sie Productions 32ecgp ; Julian Smith 85cd ; Paul A. Souders 57hg ; Specialist Stock 47bc ; Pauline St. Denis 64cdp (marche) ; Hubert Stadler 25cdp (roue à aubes) ; George Steinmetz 1bg, 48cdb (gaz enflammé), 65bg, 115bd ; Keren Su 60cdb ; Ramin Talaie 119cgp ; Tetra Images 106ecgp (microphone) ; Transtock 37cg ; Bernd Vogel 103cgp (homme avec téléphone) ; Karl Weatherly 75cdp (arc-en-ciel), 77hg ; Westend61 15cdp (lac), 17hd ; William Whitehurst 77cdp ; Bai Zhiyong / Xinhua Press 1bd, 26-27c ; **Dorling Kindersley** : Anglo-Australian Observatory, photographie de David Malin 60bg (galaxie en arrière-plan) ; British Library 10cgp ; Design Museum, London 89cdp (aspirateur) ; Exeter Maritime Museum, National Maritime Museum, London 8ecgb ; © Firepower, The Royal Artillery Museum, Woolwich 24cb ; Glasgow Museum 11cp, 107cp (premier téléviseur) ; London Planetarium 10cp ; Marconi Instruments Ltd 75cdb (écran d'oscilloscope), 89bc, 89cp ; Mark Hall Cycle Museum, Harlow Council 26cgb ; Jamie Marshall 12ebg, 57bg, 105cdb ; Judith Miller / Wallis and Wallis 61cp (sac à main) ; National Motor Museum, Beaulieu 11bg (première voiture), 31bg ; National Railway Museum, York 40cgp ; Stephen Oliver 57cdp (pôles opposés), 60cdp ; David Peart 48cdb (plongeur) ; Pitt Rivers Museum, University of Oxford 8cg ; Anthony Pozner, Hendon Way Motors 81cd ; Guy Ryecart, Renault 57cg ; Science Museum, London 4bc (cage de Faraday), 4bg (réfractomètre), 4bg (téléphone), 4bd (ampoule electrique), 4bd (lunettes), 4ebd (machine de Wimhurst), 5bg (théière), 5bd (microscope), 5ebg (appareil photo), 5ebd (amplificateur radio), 6bc, 6bg, 8cb, 8cgp, 8cgb, 9ecdp (boussole), 10bd, 11cgp (lampe d'Edison), 11ecgp, 94cg, 95cg ; Toro Wheelhorse UK Ltd 30bc ; Paul Wilkinson 12cgp (voiture), 23cp, 28bg ; York Museums Trust (Yorkshire Museum) 9cgb ; **Electrolux** : 114hd ; **Electronics and Computer Science, University of Southampton** : Rob Spanton (formica.ecs. soton. ac.uk) 115h (robot « Formica ») ; **Ernestomeda s.p.a.** : Zaha Hadid / DuPont™ Corian® / Scholtès - "Z. Island by DuPont™ Corian®" 116cdp ; **Getty Images** : AFP 31bd ; Colin Anderson / Photographer's Choice 22l ; artpartnerimages / Photographer's Choice 96-97 (arrière-plan) ; Rob Atkins / Photographer's Choice 15cdb (grue – gros plan), 19hc ; Benelux Press 95bd, 114b (image principale) ; Don Bishop / Photodisc 113cdp (ordinateur) ; Alex Cao / Photodisc 6-7 ; Car Culture 38b ; Frank Chmura / Nordic Photos 43cdb (lignes électriques), 59bd ; Jeffrey Coolidge / Photodisc 97cdb (clé USB) ; Tony Cordoza 107bg (TV) ; Crowther & Carter / Stone 110-111 (arrière-pla,) ; Davies and Starr / Stone 113cdb (mots-clés) ; Peter Dazeley / Photographer's Choice 83cgp (glace) ; Mary Kate Denny / Photographer's Choice 87cdb (vert) ; Digital Vision / George Diebold 67bg ; Digital Vision / John William Banagan 87cdb (rouge) ; Jody Dole 7bd (vieux téléphone portable), 11cdb ; Michael Dunning / Photographer's Choice 77ebg ; Laurence Dutton 103cdp ; Ben Edwards 81cdp (miroir dentaire) ; Joshua Ets-Hokin / Photodisc 17hg ; Don Farrall / Photodisc 6cgp ; Joe Fox / Photographer's Choice 76bd ; Gerard Fritz / Photographer's Choice 112-113 (arrière-plan) ; Adam Gault / OJO Images 83cdp (microscope) ; Dave Greenwood / Photonica 16cdp (pince à épiler) ; Karl Grupe / Photonica 117cdp ; Darrell Gulin 105cgp (écran d'appareil photo), 105hc (encart pixel) ; Alexander Hafemann / iStock Exclusive 63cdp (énergie éolienne) ; Bruce Hands 40cdp ; Tim Hawley / Photographer's Choice 113bg ; Chris Hondros 4cdp (film photographique) ; Lyn Hughes 43 (arrière-plan), 45g (ciel en arrière-plan) ; Hulton Archive 4hd, 10cb ; Janicek 73cdp (pile) ; Brian Kennedy / Flickr 40bg ; Keystone / Stringer / Hulton Archive 52c ; Bruce Laurance / The Image Bank 76bg ; Romilly Lockyer / The Image Bank 42 (nuages en arrière-plan) ; Vincenzo Lombardo / Photographer's Choice 16cdp (poignée de porte) ; Steve McAlister 22cdp, 113cdb (document) ; Ian Mckinnell 4cdp (boule de billard) ; Ian Mckinnell / Photographer's Choice 13cdb ; Ryan McVay / Photodisc 25cdp (volant) ; Ryan McVay / Photodisc 6bd ; Ryan McVay / Stone 88bg ; Jose Maria Mellado 20c ; Steve Mercer / Photographer's Choice 113cdp ('http') ; Peter Miller 70-71 (flocons de neige) ; Joos Mind / Stone 104bg ; MJ Rivise Patent Collection 4cg ; Bruno Muff / Photographer's Choice 97hd ; NASA / Science Photo Library 79hc ; Hans Neleman 34hd ; Joseph Niepce / Hulton Archive 10cdp ; noa images / Digital Vision 113cd ; Thomas Northcut / Digital Vision 75cgb ; Thomas Northcut / Photodisc 100bg, 101bd, 101cgb ; Thomas Northcut / Stockbyte 84ecgb ; Jose Luis Pelaez 77bg ; PhotoLink / Photodisc 61cdb (éclair dans l'encart) ; Pier / Stone 87cdb (jaune) ; Pier / Stone 75cdb (étincelles) ; PM Images 13cd (fauteuil roulant) ; Steven Puetzer / Photodisc 84cgb ; Terje Rakke 41cdb (freins) ; RNHRD NHS Trust 13cd (rayons X) ; Lauri Rotko 15cg ; Chad Slattery / Stone 53hc ; Stocktrek Images 36hg, 119cb ; Studio MPM / Stone 100cdb ; Paul Taylor 15bd, 20cdp ; The Image Bank / Garry Gay 87cdb (orange) ; Travelpix Ltd / Photographer's Choice 84-85b ; **iStockphoto.com** : 13hd, 36cb (cycliste), 61cdp (carte de crédit), 81 (visage dans le miroir), 102hg (téléphone portable moderne), 106cg (émetteur radio numérique), 106g (émetteur radio numérique & arrière-plan), 107cd (icônes transfert), 112cp ; Kseniya Abramova 36-37b (chevaux) ; Arndt Design 41bg ; Black Ink Designers 106bd (ondes sonores) ; Sascha Burkard 76bc ; Caziopeia 103cgb (téléphone portable de 3/4) ; Kenneth Cheung 102ehg ; CreativeChain Design House 104-105h (arrière-plan) ; Luca di Filippo 102bg ; Elton Dralle 28cd ; Blaz Erzetic 1cgb, 109hc ; Jamie Farrant 90cb (encart haut-parleur) ; Nadezda Firsova 100-101 (arrière-plan) ; Robert Hadfield 81cdb (lunettes de soleil) ; Jaap Hart 84-85h (arrière-plan rayons) ; Er Ten Hong 22cdb (icônes essence, gasoil et électricité) ; Stiv Kahlina 55cb ; Kathy Konkle 107cdp (appareil photo) ; Mosquito 103bg ; Shane O'Brien 106ecgb (radio) ; Tomasz Pietryszek 37hd ; T. Popova 104bd, 105cgb ; Vladimir Popovic 58ehg ; Laurent Renault 36bg ; Petr Stepanov 117cgp ; Mark Swallow 7bg ; Jeremy Voisey 73cdp (symbole risque d'explosion) ; **Peter Zelei** 9hd ; **Kingspan Off-Site** : 72d ; **Massachusetts Institute of Technology (MIT)** : Franco Vairani / MIT Smart Cities group 118bd, 118cd ; avec **l'aimable autorisation de Motorcycle-USA.com** : 37bd ; **NASA** : 43cd, 54bd, 54g, 55hg, 60bg, 119bd, 119hd ; Finley Holiday Films 48bd ; SOHO / EIT Consortium / ESA 121hg ; **Photolibrary** : 40cgb ; Hufton + Crow 72bg ; Javier Larrea 41hg ; Bruno Morandi / Robert Harding Travel 41cd (Transsibérien) ; Doug Plummer 102cg ; **Press Association Images** : Peter Morrison 115cgb ; **Reuters** : Albert Gea 103bd ; **Science & Society Picture Library** : Science Museum 11hg, 13bd (chaussettes) ; **Science Photo Library** : 24bd, 44bg, 83cd (pupille rétractée) ; AJ Photo / Hop Americain 90bg ; Andrew Lambert Photography 94cdb ; Alex Bartel 116-117b (maison) ; BSIP, Chassenet 83cdb (pupille dilatée) ; Dr. Jeremy Burgess 78cdb ; Pascal Goetgheluck 91cdb, 105bd (œil) ; Gustoimages 57bd, 70-71 (réfrigérateur rayons X), 95cdp, 103hd (téléphone rayons X) ; Roger Harris 99hg ; Mehau Kulyk 88hg (arrière-plan onde), 92-93h (arrière-plan), 103hc ; Lawrence Lawry 79b, 122-123b ; Andy Levin 56bd ; R. Maisonneuve, Publiphoto Diffusion 91hc ; Jerry Mason 103cgp (téléphone en pièces détachées) ; Will & Deni McIntyre 85cgb ; Medical Rf.com 83cp (globe oculaire), 120hd ; Peter Menzel 38bd (encart) ; New York Public Library / Humanities & Social Sciences Library 106hg (Marconi) ; David Parker 74hg, 114cg ; Pasieka 82g, 95bg ; Philippe Psaila 38cd, 78g ; Pasquale Sorrentino 9hg ; Andrew Syred 80bg ; Takeshi Takahara 44hd ; David Taylor 75cdp (interférences lumineuses), 79hg ; Sheila Terry 24bc ; Detlev van Ravenswaay 11hc, 55bd ; **SuperStock** : Prisma 41cdp (TGV) ; **© 2009 Universal Orlando Resort. Tous droits réservés** : 53bd ; **University of Washington** : Babak Parviz 117bd ; **Worldwide Aeros Corp.** : 121b.

Toutes les autres images sont la propriété de Dorling Kindersley.

Remerciements
L'éditeur remercie : Francis Bate, Greg Foot, Leon Gray, Jennifer Lane, Chris Oxlade, et Jon Woodcock pour leur aide lors de la rédaction. Merci également à Robert Spanton et Klaus-Peter Zauner de l'ECS (Université de Southampton) pour les renseignements sur les robots Formica.

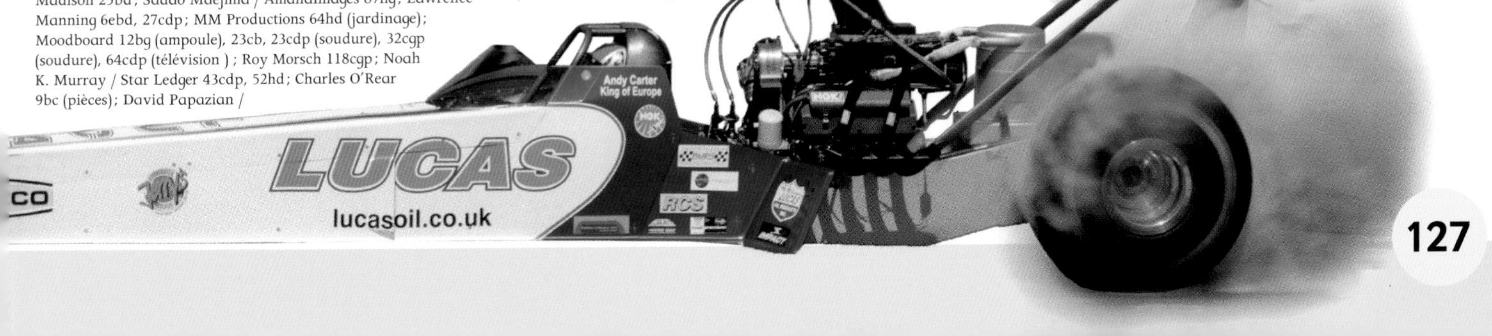